atlas DR

INHALTSVERZEICHNIS

Umschlag der Originalausgabe von 1989

DEUTSCHE DEMOKRATISCHE REPUBLIK 1:300 000

1989

Für den innerdienstlichen Gebrauch bestimmt.
Vertrieb an Dritte nur über den

Drucksachenverlag der Deutschen Reichsbahn
Kartographie
Krausenstraße 17-20
Berlin
1086
Tel. 49/32371

Herausgeber, Redaktion und Kartographie:	Drucksachenverlag der Deutschen Reichsbahn, Kartographie DVDR- K/17/89
Druck:	VEB Kartographischer Dienst Potsdam
Buchbinderische Verarbeitung:	
Gesamtherstellung:	VOB Kunst-und Verlagsbuchbinderei Leipzig
Glanzfolie:	INTERDRUCK Leipzig Betriebsteil Buchb. Weiterverarbeitung
Titelfoto:	Ministerium für Verkehrswesen, Tarifamt
Redaktionsschluß:	März 1989, außer Elektrifizierung September 1989

4. Auflage

ÜBERSICHT DER TEILKARTEN

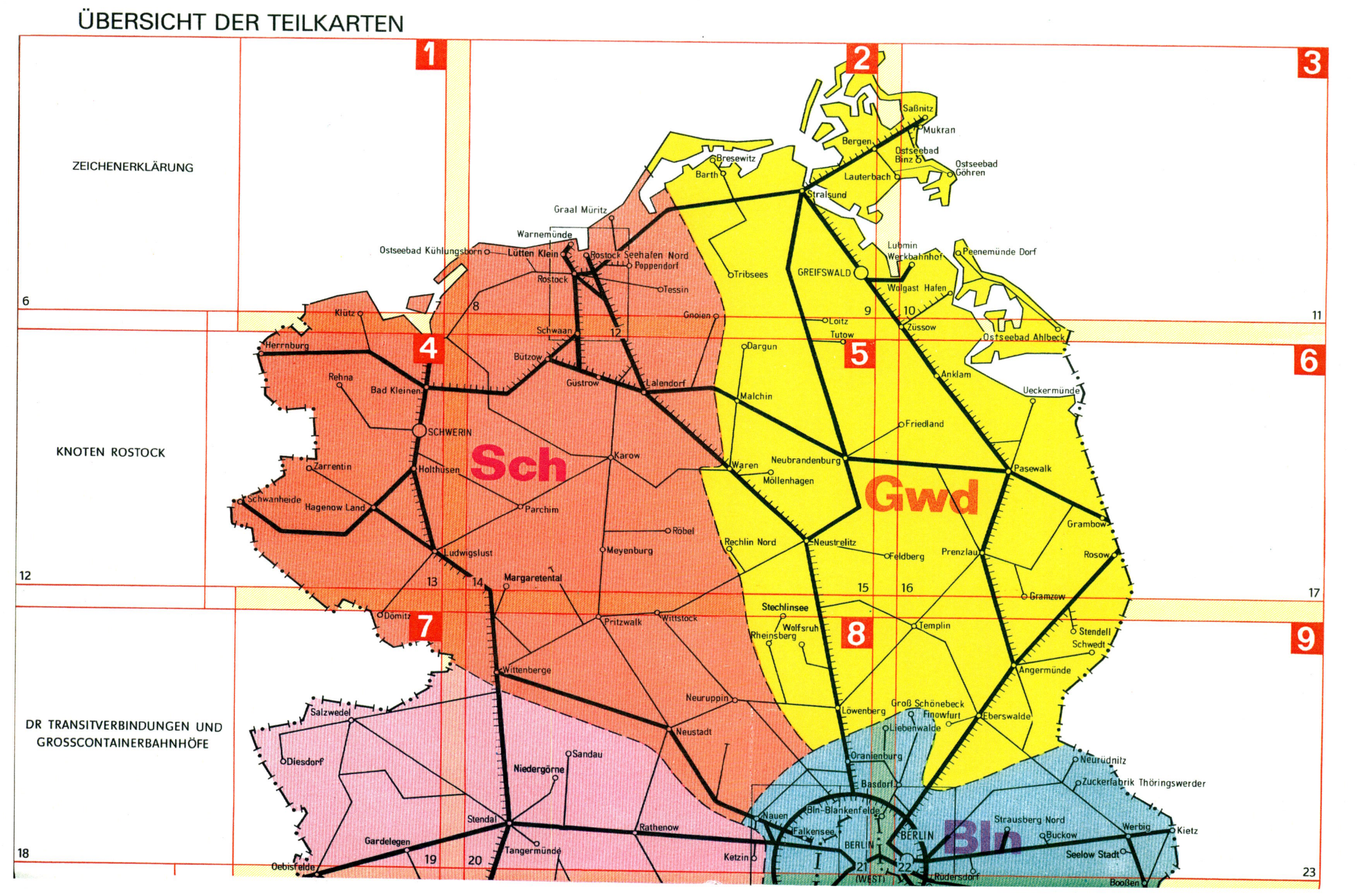

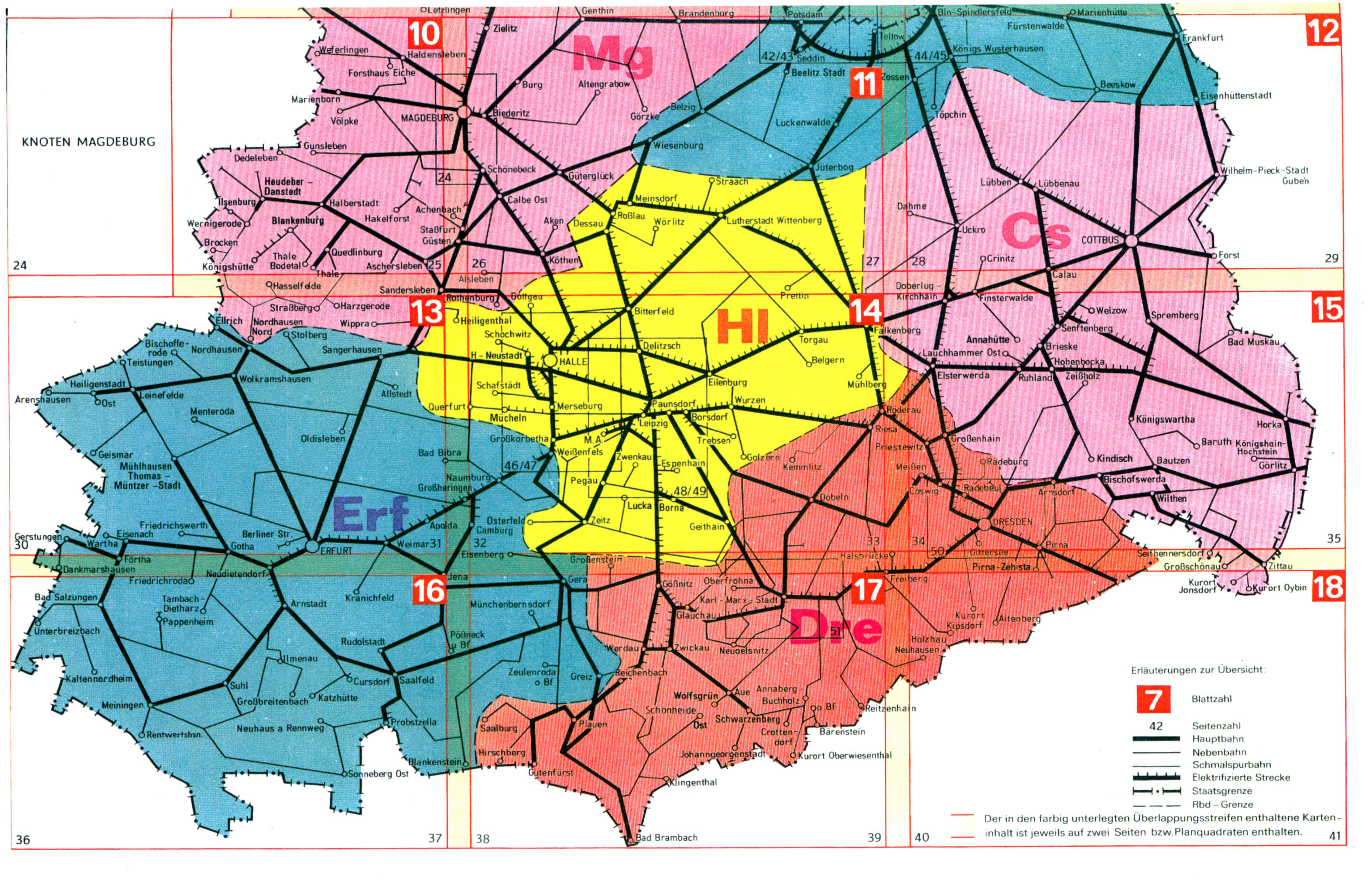
KNOTEN MAGDEBURG
10
11
12
13
14
15
16
17
18
Mg
Cs
Hl
Erf
Dre
24
26
27
28
29
30
32
33
34
35
36
37
38
39
40
41
42/43
44/45
46/47
48/49
50
51
MAGDEBURG
COTTBUS
HALLE
ERFURT
DRESDEN
Leipzig
Letzlingen
Zielitz
Genthin
Brandenburg
Potsdam
Seddin
Beelitz Stadt
Teltow
Bln-Spindlersfeld
Marienhütte
Fürstenwalde
Königs Wusterhausen
Frankfurt
Zossen
Eisenhüttenstadt
Beeskow
Töpchin
Luckenwalde
Jüterbog
Belzig
Wiesenburg
Görzke
Altengrabow
Burg
Biederitz
Haldensleben
Weferlingen
Forsthaus Eiche
Marienborn
Völpke
Gunsleben
Dedeleben
Heudeber - Danstedt
Ilsenburg
Wernigerode
Brocken
Königshütte
Blankenburg
Halberstadt
Hakelforst
Achenbach
Schönebeck
Calbe Ost
Güterglück
Staßfurt
Güsten
Quedlinburg
Thale Bodetal
Thale
Aschersleben
Aken
Köthen
Dessau
Roßlau
Meinsdorf
Wörlitz
Straach
Lutherstadt Wittenberg
Pretin
Alsleben
Sandersleben
Hasselfelde
Straßberg
Harzgerode
Rothenburg
Gottgau
Wippra
Heiligenthal
Ellrich
Nordhausen Nord
Stolberg
Sangerhausen
Bischofferode
Nordhausen
Teistungen
Heiligenstadt
Ost
Arenshausen
Leinefelde
Menteroda
Wolkramshausen
Allstedt
Oldisleben
Geismar
Mühlhausen Thomas - Müntzer -Stadt
Friedrichswerth
Berliner Str.
Gotha
Eisenach
Wartha
Gerstungen
Förtha
Dankmarshausen
Friedrichroda
Neudietendorf
Bad Salzungen
Tambach-Dietharz
Pappenheim
Unterbreizbach
Kaltennordheim
Meiningen
Rentwertshsn.
Suhl
Großbreitenbach
Ilmenau
Arnstadt
Katzhütte
Neuhaus a Rennweg
Cursdorf
Saalfeld
Rudolstadt
Probstzella
Blankenstein
Sonneberg Ost
Kranichfeld
Weimar
Apolda
Jena
Eisenberg
Osterfeld
Camburg
Naumburg
Großheringen
Bad Bibra
Querfurt
Mücheln
Schafstädt
H - Neustadt
Schochwitz
Großkorbetha
Merseburg
Weißenfels
M.A.
Pegau
Zwenkau
Zeitz
Lucka
Borna
Espenhain
Geithain
Bitterfeld
Delitzsch
Eilenburg
Paunsdorf
Borsdorf
Wurzen
Trebsen
Torgau
Belgern
Falkenberg
Mühlberg
Golzern
Kemmlitz
Döbeln
Riesa
Röderau
Priestewitz
Meißen
Coswig
Radebeul
Großenhain
Radeburg
Arnsdorf
Pirna
Gittersee
Pirna - Zehista
Freiberg
Halsbrücke
Kurort Kipsdorf
Altenberg
Holzhau
Neuhausen
Großenstein
Gera
Gößnitz
Oberfrohna
Karl - Marx - Stadt
Glauchau
Neuoelsnitz
Werdau
Zwickau
Reichenbach
Münchenbernsdorf
Pößneck u. Bf
Zeulenroda o Bf
Greiz
Plauen
Saalburg
Hirschberg
Gutenfürst
Bad Brambach
Klingenthal
Johanngeorgenstadt
Schönheide
Ost
Wolfsgrün
Aue
Schwarzenberg
Annaberg Buchholz
Crottendorf
o Bf
Bärenstein
Kurort Oberwiesenthal
Reitzenhain
Dahme
Uckro
Crinitz
Doberlug - Kirchhain
Finsterwalde
Calau
Lübben
Lübbenau
Forst
Wilhelm-Pieck-Stadt Guben
Welzow
Senftenberg
Spremberg
Bad Muskau
Annahütte
Lauchhammer Ost
Brieske
Hohenbocka
Elsterwerda
Ruhland
Zeißholz
Königswartha
Horka
Baruth
Königshain-Hochstein
Görlitz
Kindisch
Bautzen
Bischofswerda
Wilthen
Seifhennersdorf
Großschönau
Zittau
Kurort Jonsdorf
Kurort Oybin
Erläuterungen zur Übersicht:
7 Blattzahl
42 Seitenzahl
Hauptbahn
Nebenbahn
Schmalspurbahn
Elektrifizierte Strecke
Staatsgrenze
Rbd – Grenze
Der in den farbig unterlegten Überlappungsstreifen enthaltene Karteninhalt ist jeweils auf zwei Seiten bzw. Planquadraten enthalten.

ZEICHENERKLÄRUNG

1:300 000

elektrisch betriebene Strecke

Hauptbahn, mehrgleisig

Hauptbahn, eingleisig

Nebenbahn, mehrgleisig

Nebenbahn, eingleisig

Schmalspurbahn

Streckenrangiergleis

450 m — Tunnel mit Längenangabe

Bahnkörper ohne Gleis

Bahnhof - selbständig

Bahnhof - unselbständig, besetzt

Bahnhof - unselbständig, unbesetzt

Haltepunkt, besetzt

Haltepunkt, unbesetzt

Haltepunkt mit Blockstelle

Haltepunkt mit Anschlußstelle

Haltepunkt mit Ausweich - Anschlußstelle

Bahnhof bzw. Haltepunkt der nicht der DR untersteht

Blockstelle

Abzweigstelle

Abzweigstelle, ferngesteuert

Anschlußstelle

Ausweich - Anschlußstelle

Rangierbahnhof

Güterladestelle

Umschlagstelle

Bahnhof mit Gerätewagen

Großcontainerbahnhof

Bahnhof mit Umschlagstelle (Großcontainer)

Stückgutabfertigung mit Zustellbereich

Stückgutabfertigung ohne Zustellbereich

Stückgutabfertigung, Selbstbeladestellen

98,60 — Kilometrierung

Kam — Fernschriftliche Abkürzung

Kreuzungsbahnhof

Autobahn mit Anschlußstelle

198 — Fernverkehrsstraße mit Nummer

Wichtige Verbindungsstraße

ERFURT — Reichsbahndirektion

SCHWERIN — Bezirksstadt

Plauen — Kreisstadt

Storkow, *Witzenhausen*, *Wandlitz* — Bahnhofsname entsprechend der Ortsgröße

Staatsgrenze bzw. Staatsgrenze im Wasserlauf

Bezirksgrenze

Kreisgrenze, Stadtkreis

Rbd - Grenze

Grenze der Reichsbahndirektion (Rbd)

Grenze des Reichsbahnamtes (Rba)

Grenze der Bahnmeisterei (Bm)

Cs — Kurzbezeichnung der Reichsbahndirektion

Senftenberg — Reichsbahnamt

Torgau — Bahnmeisterei

Kanal / Fluß — Schiffbare Wasserstraßen

Schiffshebewerk

Schleuse

Wehr

Überlappungsstreifen
Die Karten überlappen die angrenzenden Seiten um jeweils 2 cm

1:100 000

S-Bahn mit Stromschiene (nur Berlin)

S-Bahn mit Fahrleitung

S- Bahn

Großcontainerbahnhof

Bahnhof mit Umschlagstelle (gebrochener Transport)

Stückgutabfertigung mit Zustellbereich

Stückgutabfertigung, Selbstbeladestellen

Bahnhof mit Gerätewagen

Hafen

Flughafen

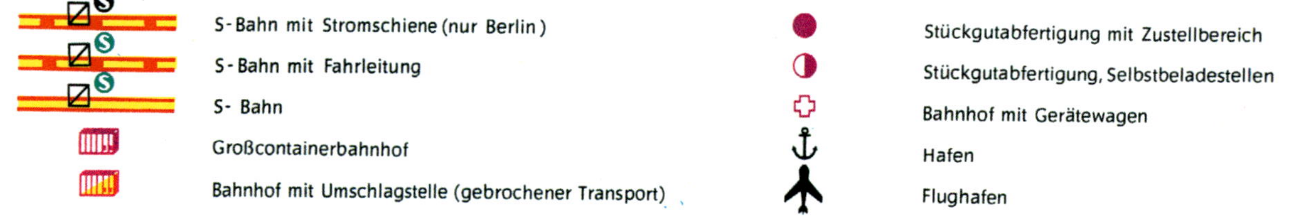

DÄNEMARK
1
2
4
Rødby Færge
OSTSEE
Eisenbahnfähre
(Vogelfluglinie)
Puttgarden
Fehmarn
Burg West
Burg
Strukkamp
Großenbrode
Neukirchen
Heringsdorf
207
202
Oldenburg
Göhl
Mecklenburger
Bucht
Grüner Hirsch
Lensahn
BRD
Beschendorf
Groß Schlamin
Hasselburg
Neustadt
Lübecker
Bucht
Ottendorf
Sierksdorf
Pönitz
Haffkrug
Gleschendorf
Scharbeutz
207
Timmendorferstrand
Pansdorf
L-Travemünde Strand
L-Travemünde Hafen
L-Travemünde Skandinavienkai
Klütz
Poel
Wismar

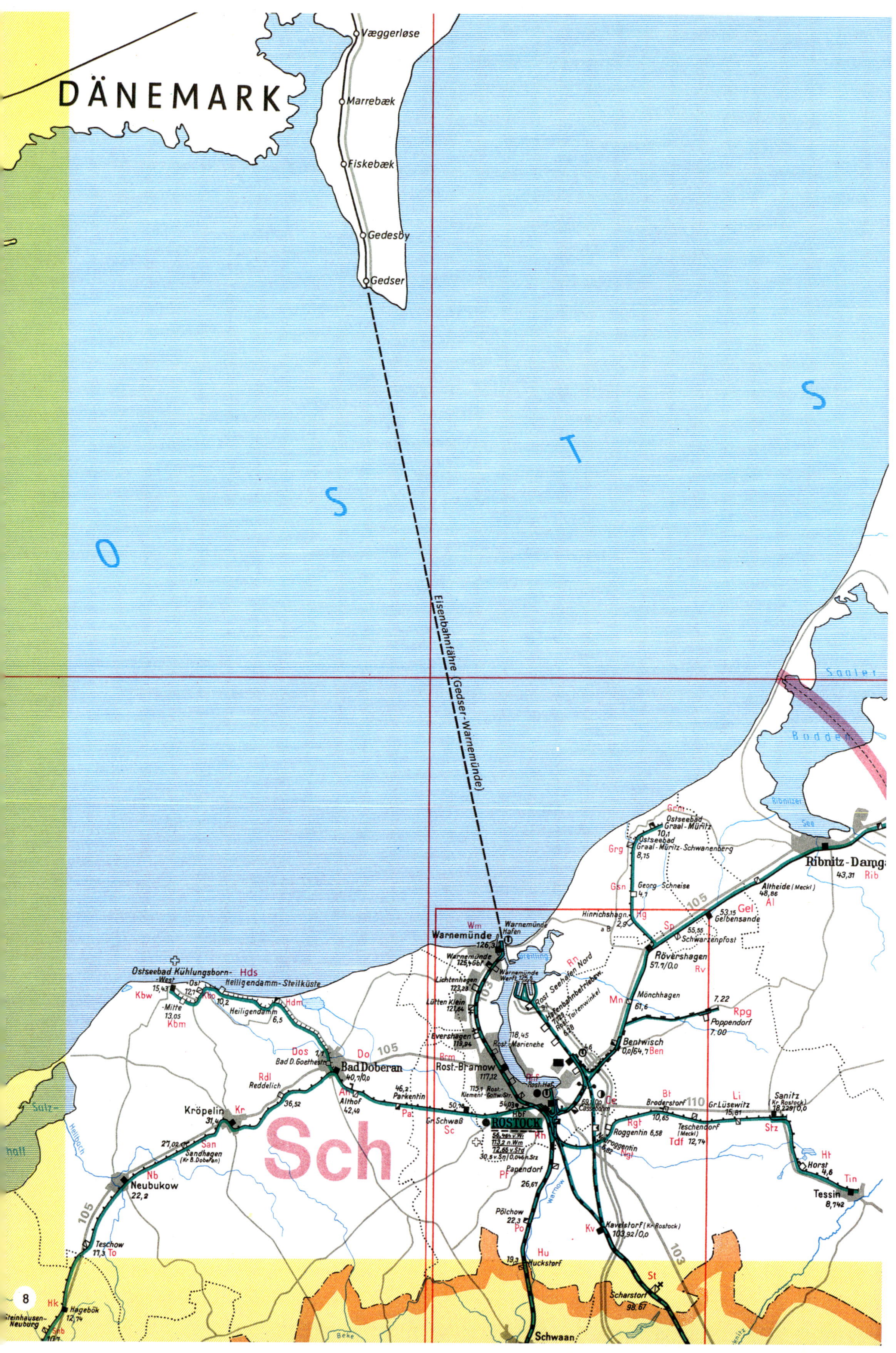

DÄNEMARK
Væggerløse
Marrebæk
Fiskebæk
Gedesby
Gedser
O S T S
Eisenbahnfähre (Gedser-Warnemünde)
Warnemünde
Warnemünde Hafen
Ostseebad Kühlungsborn-West
Heiligendamm-Steilküste
Heiligendamm
Bad Doberan
Kröpelin
Neubukow
Teschow
Hagebök
Sandhagen
Reddelich
Althof
Parkentin
Lichtenhagen
Lütten Klein
Evershagen
Rost.-Bramow
Rost.-Marienehe
ROSTOCK
Hbf
Papendorf
Pölchow
Huckstorf
Schwaan
Kavelstorf
Scharstorf
Roggentin
Teschendorf
Broderstorf
Gr.Lüsewitz
Sanitz
Horst
Tessin
Bentwisch
Mönchhagen
Poppendorf
Rövershagen
Schwarzenpfost
Gelbensande
Altheide (Meckl)
Ribnitz-Damg
Hinrichshagen
Georg-Schneise
Ostseebad Graal-Müritz
Ostseebad Graal-Müritz-Schwanenberg
Saaler Bodden
Ribnitzer See
Sch
105
110
103
8

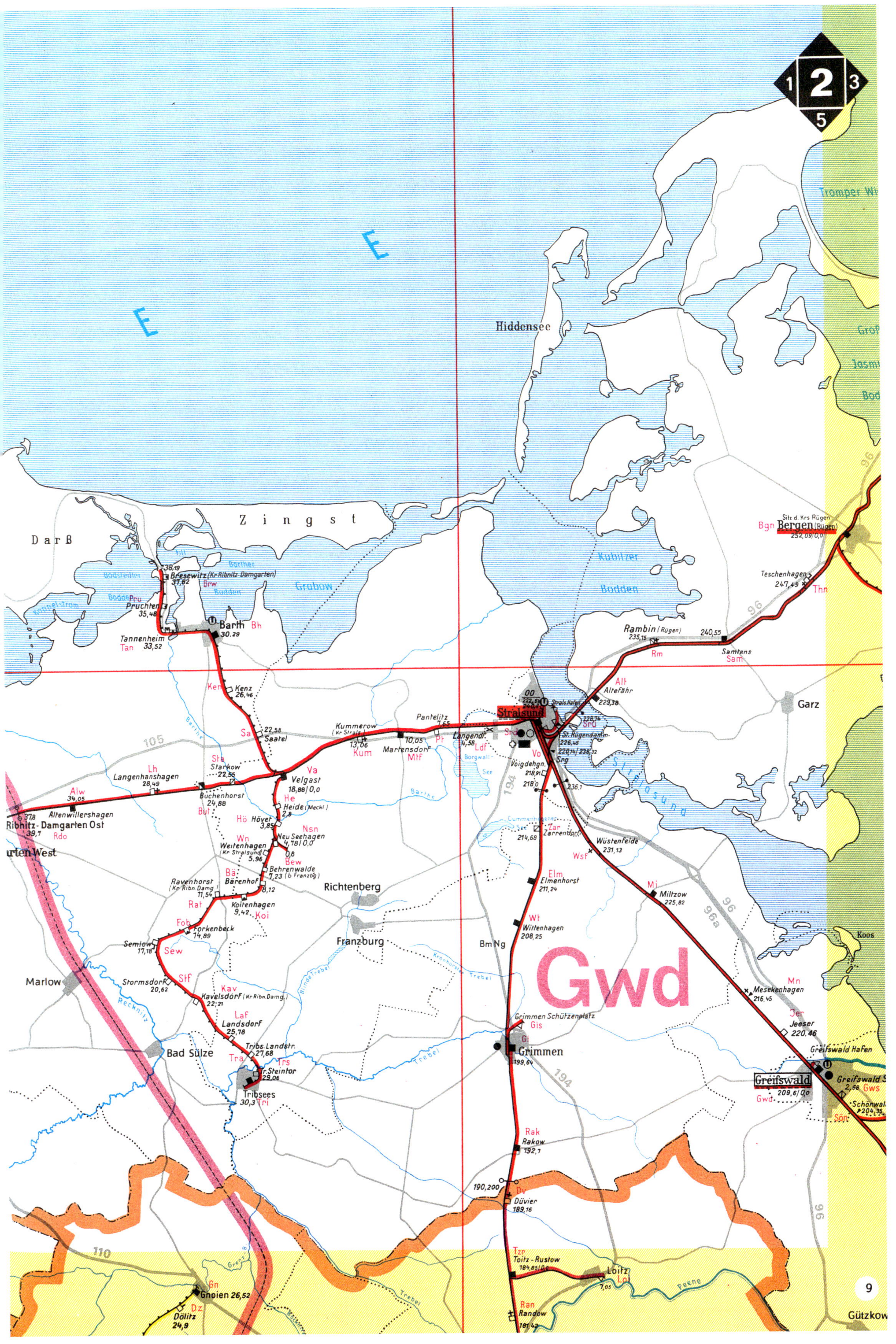

1 2 3 5
E E
Hiddensee
Darß
Zingst
Grabow
Kubitzer Bodden
Tromper Wiek
Bergen (Rügen)
Sitz d. Krs Rügen
Bgn
252,09/0,0
Teschenhagen
247,49
Thn
Rambin (Rügen)
235,15
Rm
240,55
Samtens
Sam
Garz
Barth
30,29
Bh
Bresewitz (Kr Ribnitz-Damgarten)
37,82
Brw
Pruchten
35,48
Pru
Tannenheim
33,52
Tan
38,19
Alt
Altefähr
229,38
Stralsund
Kenz
26,46
Ken
Saatel
22,58
Sa
Kummerow (Kr Stralsund)
13,06
Kum
Martensdorf
10,05
Mtf
Pantelitz
7,65
Pt
Langendorf
4,58
Ldf
St. Rügendamm
226,45
Starkow
22,56
Ste
Velgast
18,88/0,0
Va
Langenhanshagen
28,49
Lh
Bücherhorst
24,88
Bul
Altenwillershagen
34,05
Alw
Ribnitz-Damgarten Ost
39,7
Rdo
Ribnitz-Damgarten West
Heide (Meckl)
2,8
He
Höver
3,85
Hö
Neu Seehagen
4,78/0,0
Nsn
Weitenhagen (Kr Stralsund)
5,96
Wn
Behrenwalde (b Franzbg)
7,23
Bew
Ravenhorst (Kr Ribn.Damg.)
11,54
Rat
Bärenhof
8,12
Bä
Koitenhagen
9,42
Koi
Forkenbeck
14,89
Fob
Semlow
17,18
Sew
Stormsdorf
20,62
Stf
Kavelsdorf (Kr Ribn.Damg.)
22,21
Kav
Landsdorf
25,78
Laf
Tribs.Landstr.
27,68
Tra
Tr.Steintor
29,06
Trs
Tribsees
30,3
Tri
Richtenberg
Franzburg
Marlow
Bad Sülze
Voigdehagen
218,91
Vo
Zarrendorf
214,68
Zar
Wüstenfelde
231,13
Wsf
Elmenhorst
211,24
Elm
Miltzow
225,82
Mi
Wittenhagen
208,25
Wt
Gwd
Mesekenhagen
216,45
Mn
Jeeser
220,46
Jer
Greifswald
209,6/0,0
Gwd
Greifswald Hafen
Greifswald Süd
2,58
Gws
Schönwalde
204,35
Sön
Grimmen Schützenplatz
Gis
Grimmen
199,64
Gi
Rakow
192,7
Rak
190,200
Düvier
189,16
Dv
Toitz-Rustow
184,85/0,0
Tzr
Loitz
7,05
Lo
Randow
181,42
Ran
Gnoien
26,52
Gn
Dölitz
24,9
Dz
Gützkow
Koos
Strelasund
Recknitz
Trebel
Barthe
Peene
105
194
96
96a
110

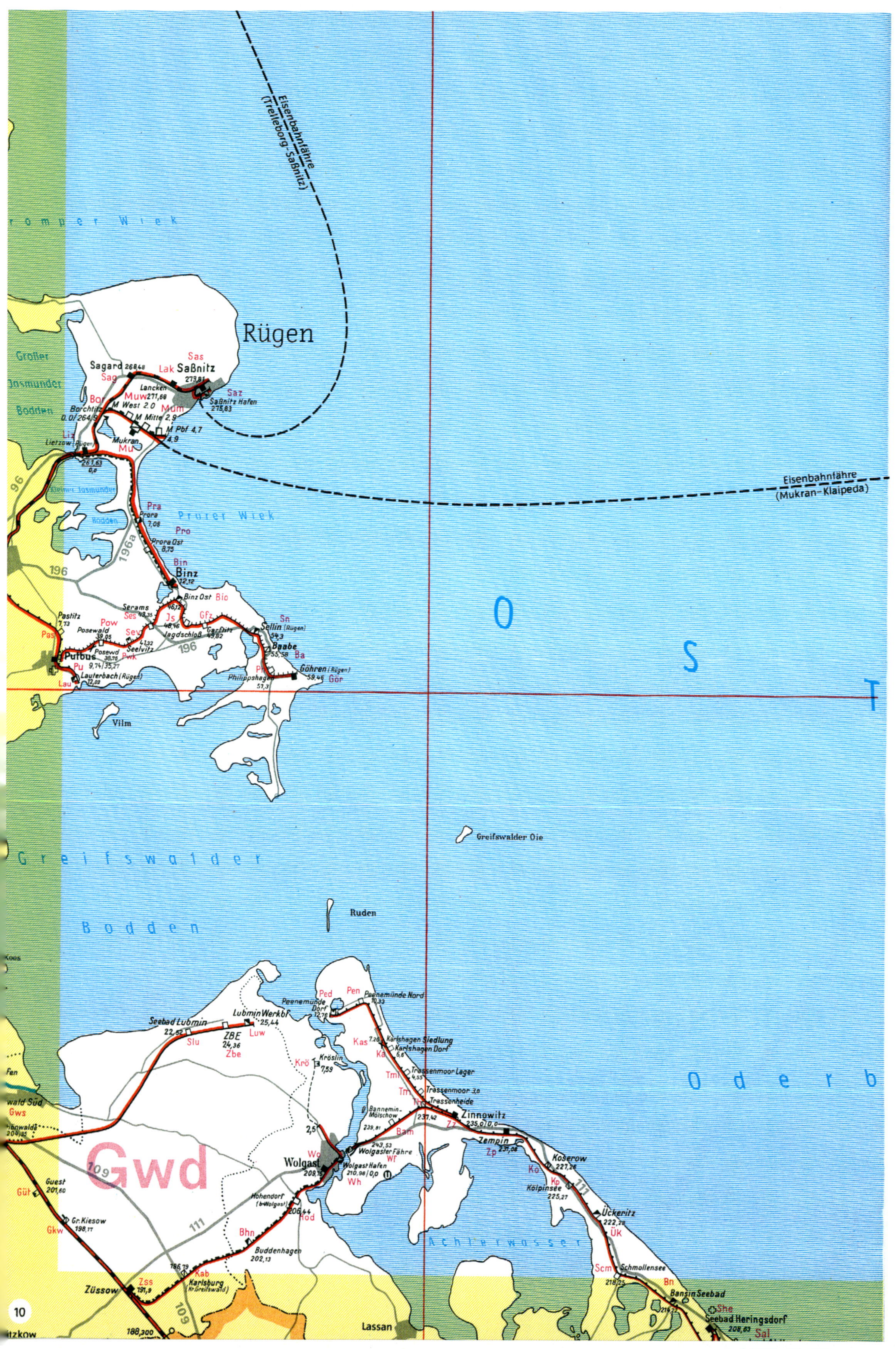

Rügen
Eisenbahnfähre (Trelleborg-Saßnitz)
Eisenbahnfähre (Mukran-Klaipeda)
Saßnitz
Sagard
Lancken
Mukran
Prorer Wiek
Binz
Binz Ost
Jagdschloß
Sellin (Rügen)
Baabe
Göhren (Rügen)
Philippshagen
Putbus
Lauterbach (Rügen)
Pastitz
Posewald
Seelvitz
Serams
Vilm
O
S
T
Greifswalder Oie
Greifswalder
Bodden
Ruden
Peenemünde Dorf
Peenemünde Nord
Karlshagen Siedlung
Karlshagen Dorf
Trassenmoor Lager
Trassenmoor
Trassenheide
Zinnowitz
Zempin
Koserow
Kölpinsee
Ückeritz
Schmollensee
Bansin Seebad
Seebad Heringsdorf
Oderb
Achterwasser
Seebad Lubmin
Lubmin Werkbf
Kröslin
Wolgast
Wolgast Hafen
Wolgaster Fähre
Hohendorf (b. Wolgast)
Buddenhagen
Karlsburg (Kr. Greifswald)
Züssow
Gr. Kiesow
Guest
Lassan
Gwd
Gwd

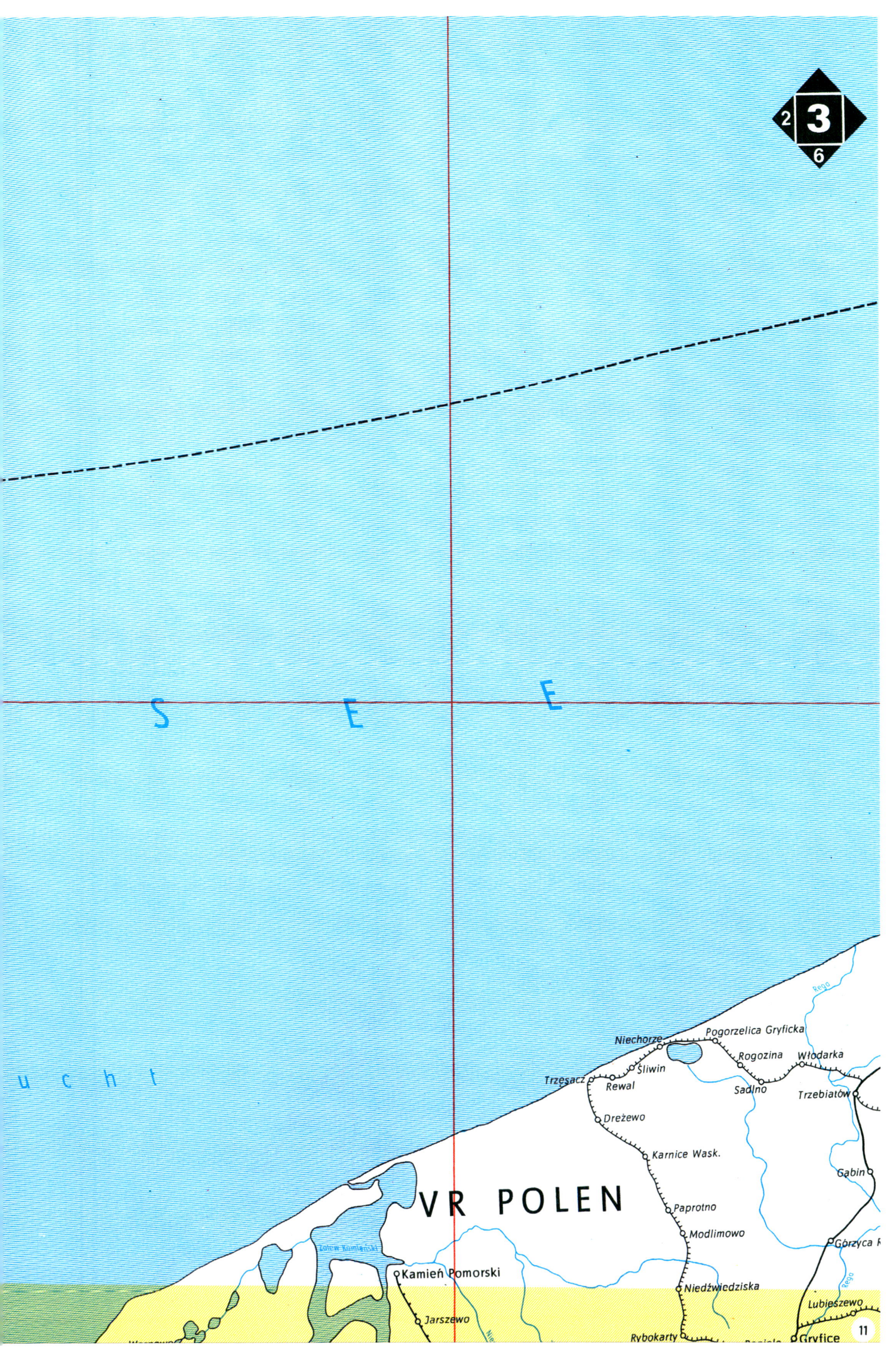
2
3
6
S E E
ucht
Rega
Niechorze
Pogorzelica Gryficka
Rogozina
Włodarka
Trzęsacz
Śliwin
Rewal
Sadlno
Trzebiatów
Dreżewo
Karnice Wask.
Gąbin
VR POLEN
Paprotno
Modlimowo
Górzyca
Kamień Pomorski
Niedźwiedziska
Lubieszewo
Jarszewo
Rybokarty
Gryfice

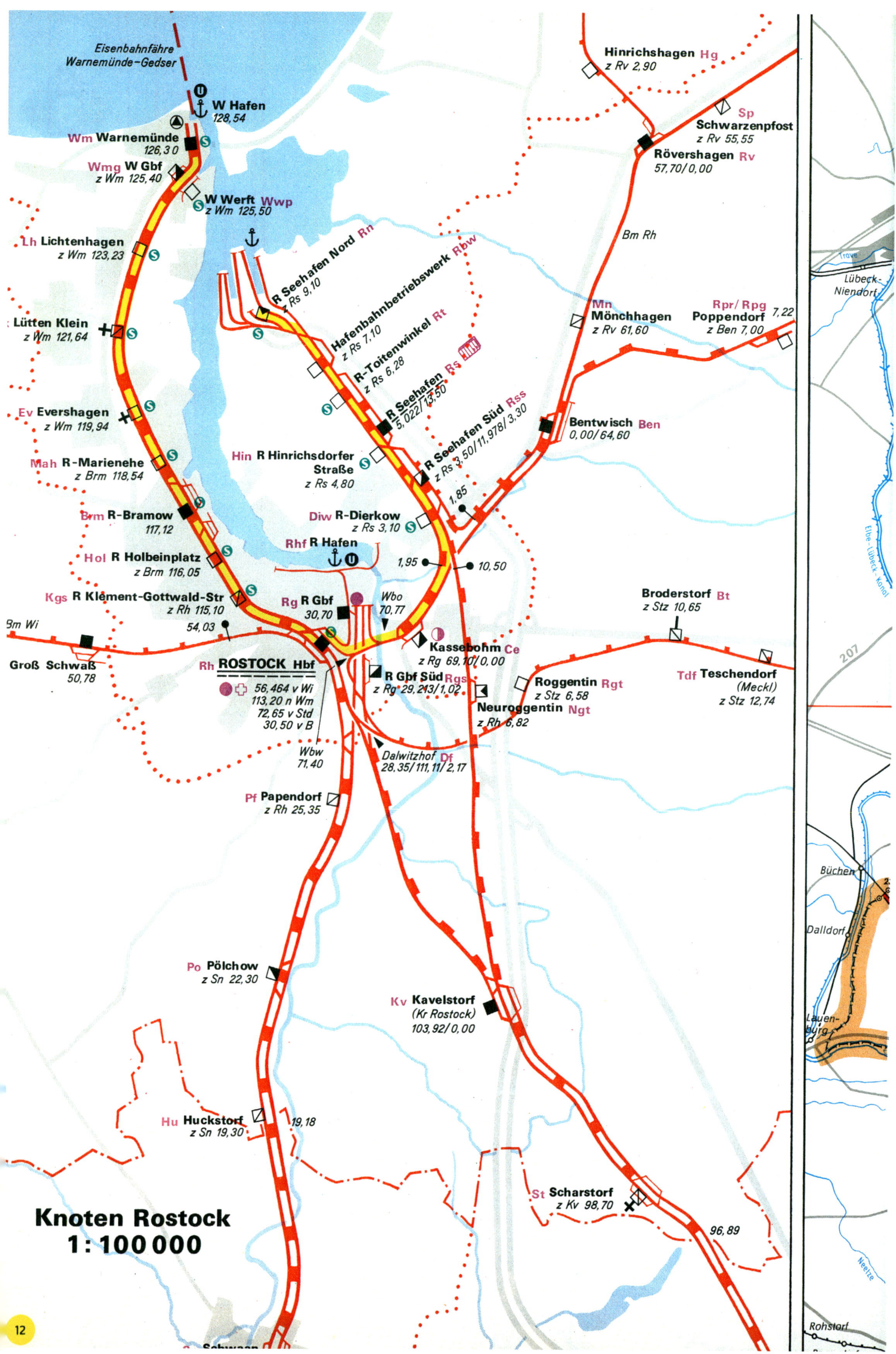
Knoten Rostock
1:100 000
Eisenbahnfähre Warnemünde-Gedser
W Hafen
128,54
Wm Warnemünde
126,3 0
Wmg W Gbf
z Wm 125,40
W Werft Wwp
z Wm 125,50
Lh Lichtenhagen
z Wm 123,23
Lütten Klein
z Wm 121,64
Ev Evershagen
z Wm 119,94
Mah R-Marienehe
z Brm 118,54
Brm R-Bramow
117,12
Hol R Holbeinplatz
z Brm 116,05
Kgs R Klement-Gottwald-Str
z Rh 115,10
54,03
Bm Wi
Groß Schwaß
50,78
Rh ROSTOCK Hbf
56,464 v Wi
113,20 n Wm
72,65 v Std
30,50 v B
Wbw
71,40
Pf Papendorf
z Rh 25,35
Po Pölchow
z Sn 22,30
Hu Huckstorf
z Sn 19,30
19,18
Schwaan
R Seehafen Nord Rn
z Rs 9,10
Hafenbahnbetriebswerk Rbw
z Rs 7,10
R-Toitenwinkel Rt
z Rs 6,28
R Seehafen Rs
5,022/13,50
R Seehafen Süd Rss
z Rs 3,50/11,978/3,30
Hin R Hinrichsdorfer Straße
z Rs 4,80
Diw R-Dierkow
z Rs 3,10
Rhf R Hafen
1,95
1,85
10,50
Rg R Gbf
30,70
Wbo
70,77
Kassebohm Ce
z Rg 69,10/0,00
R Gbf Süd Rgs
z Rg 29,213/1,02
Neuroggentin Ngt
z Rh 6,82
Dalwitzhof Df
28,35/111,11/2,17
Kv Kavelstorf
(Kr Rostock)
103,92/0,00
St Scharstorf
z Kv 98,70
96,89
Hinrichshagen Hg
z Rv 2,90
Sp Schwarzenpfost
z Rv 55,55
Rövershagen Rv
57,70/0,00
Bm Rh
Mn Mönchhagen
z Rv 61,60
Rpr/Rpg Poppendorf
7,22
z Ben 7,00
Bentwisch Ben
0,00/64,60
Broderstorf Bt
z Stz 10,65
Roggentin Rgt
z Stz 6,58
Tdf Teschendorf
(Meckl)
z Stz 12,74
Trave
Lübeck-Niendorf
Elbe-Lübeck-Kanal
207
Büchen
Dalldorf
Lauenburg
Neetze
Rohstorf

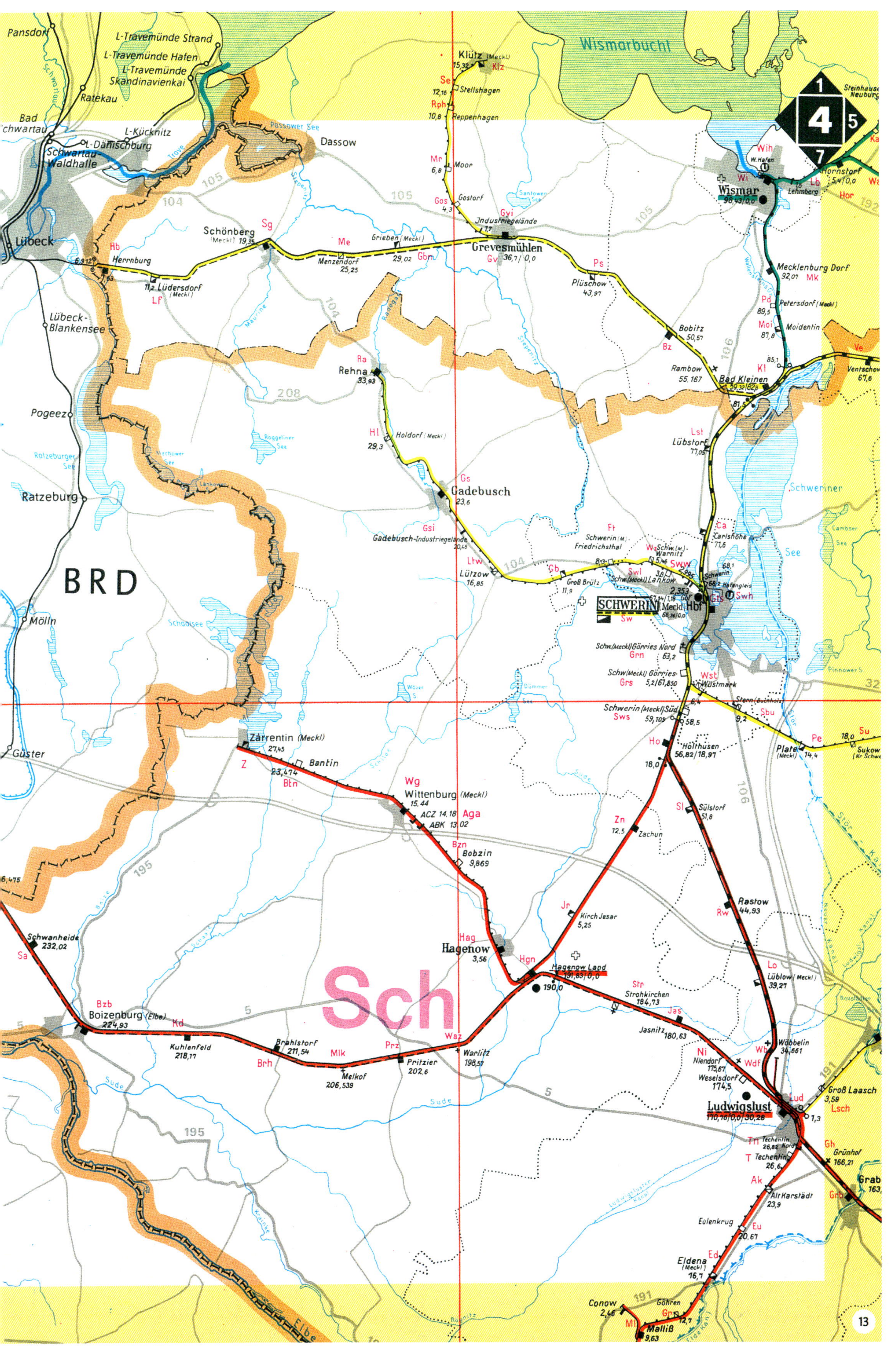

Pansdorf
L-Travemünde Strand
L-Travemünde Hafen
L-Travemünde Skandinavienkai
Ratekau
Bad Schwartau
L-Kücknitz
L-Dänischburg
Schwartau-Waldhalle
Trave
Possower See
Dassow
Lübeck
Wismarbucht
Klütz (Meckl) 15,32 Klz
Se Stellshagen 12,16
Rph Reppenhagen 10,8
Mr Moor 6,8
Gos Gostorf 4,3
Gvi Industriegelände 1,7
Grevesmühlen 36,7/0,0 Gv
Wih W.Hafen
Wi Wismar 98,43/0,0
Hornstorf 5,4/0,0
Lb Lehmberg
Hor
Steinhausen Neuburg
1
4
5
7
Schönberg (Meckl) 19,35 Sg
Me Menzendorf 25,25
Grieben (Meckl) 29,02 Gbn
Hb Herrnburg 6,9/12
Lüdersdorf (Meckl) 11,2 Lf
Ps Plüschow 43,97
Mecklenburg Dorf 92,07 Mk
Pd Petersdorf (Meckl) 89,5
Moi Moidentin 87,8
Bobitz 50,57 Bz
Rambow 55,167
Kl Bad Kleinen 59,32/82,8
Ve Ventschow 67,6
Lübeck-Blankensee
Pogeez
Ratzeburger See
Ratzeburg
Ra Rehna 33,93
Hl Holdorf (Meckl) 29,3
Roggeliner See
Gs Gadebusch 23,6
Gsi Gadebusch-Industriegelände 20,46
Ltw Lützow 16,85
Gb Groß Brütz 11,9
Ft Schwerin (M)-Friedrichsthal
Schw. (M)-Warnitz
Sww
Swl Schw. (Meckl) Lankow
Lst Lübstorf 77,05
Ca Carlshöhe 71,6
Schweriner See
SCHWERIN (Meckl) Hbf Sw
Swh
Schw. (Meckl) Görries Nord Grn 63,2
Schw (Meckl) Görries Grs 5,2/61,850
Wst Wüstmark
Stern (Buchholz)
Sbu
Schwerin (Meckl) Süd Sws 59,709
Ho Holthusen 56,82/18,97
Plate (Meckl) 14,4 Pe
Sukow (Kr Schwerin) Su
BRD
Mölln
Schaalsee
Güster
Zarrentin (Meckl) 27,45 Z
Bantin 23,474 Btn
Wg Wittenburg (Meckl) 15,44
ACZ 14,18 Aga
ABK 13,02
Bzn Bobzin 9,869
Sl Sülstorf 51,8
Zn Zachun 12,5
Jr Kirch Jesar 5,25
Rastow 44,93 Rw
Hag Hagenow 3,56
Hgn Hagenow Land 191,63/0,0
190,0
Str Strohkirchen 184,73
Jas Jasnitz 180,63
Lo Lüblow (Meckl) 39,27
Wöbbelin 34,861 Wb
Ni Niendorf 175,67
Wdf Weselsdorf 174,5
Ludwigslust 110,16/0,0/30,28 Lud
Groß Laasch 3,59 Lsch
Tn Techentin Nord 26,82
T Techentin 26,6
Gh Grünhof 166,21
Grb Grabow
Ak Alt Karstädt 23,9
Eulenkrug
Eu 20,67
Ed Eldena (Meckl) 16,7
Conow 2,46
Grn Göhren 12,7
Ml Malliß 9,63
Sch
Schwanheide 232,02 Sa
Bzb Boizenburg (Elbe) 224,93
Kd Kuhlenfeld 218,17
Brahlstorf 211,54 Brh
Mlk Melkof 206,539
Prz Pritzier 202,6
Waz Warlitz 198,50
Sude
Elbe
105
104
106
208
195
5
191

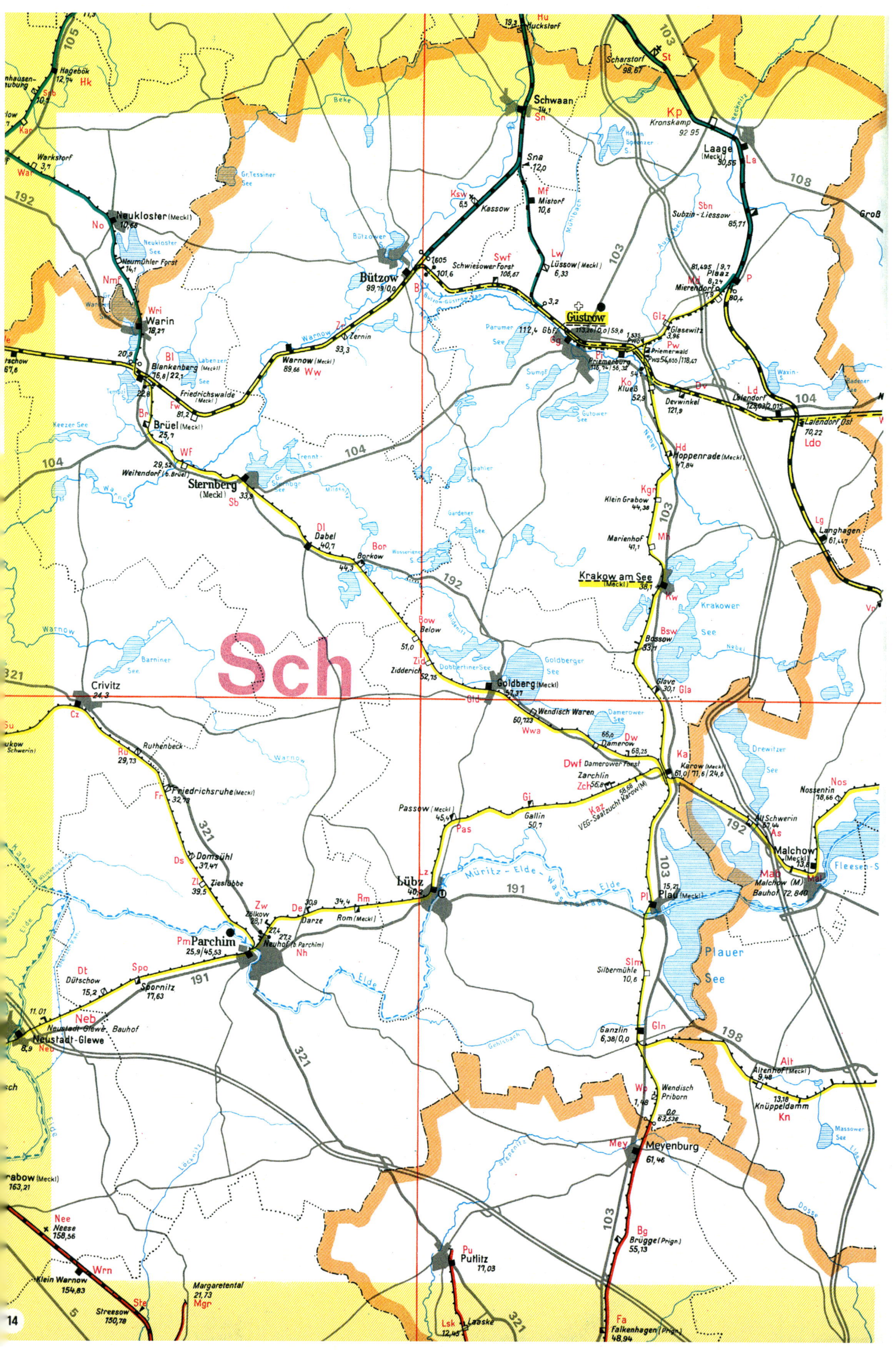

Sch
Schwaan
14,1
Sn
Hu
19,3 Huckstorf
Scharstorf
98,67
St
Kp
Kronskamp
92,95
Laage
(Meckl)
90,55
La
Hagebök
12,74
Hk
Warkstorf
3,7
War
Neukloster (Meckl)
10,68
No
Neukloster See
Neumühler Forst
14,1
Nmf
Warin
18,27
Wri
Gr. Tessiner See
Sna
12,0
Mf
Mistorf
10,6
Ksw
6,5
Kassow
Lw
Lüssow (Meckl)
6,33
Sbn
Subzin-Liessow
85,71
Bützow
99,18/0,0
Bützower See
Swf
Schwiesower Forst
106,67
101,6
Güstrow
113,26/0,0/59,8
112,4 Gbf
Gg
Parumer See
Glz
Glasewitz
3,96
Md
Mierendorf
Plaaz
8,24
P
80,4
Priemerburg
Pi
Pw
Priemerwald
Pws 56,655/118,47
Ko
Klueß
52,9
Dv
Devwinkel
121,9
Ld
Lalendorf
123,03/2,015
Lalendorf Ost
70,22
Ldo
Sumpf See
Gutower See
Warnow
Zr
Zernin
93,3
Warnow (Meckl)
89,66
Ww
Bl
Blankenberg (Meckl)
76,8/22,1
Labenzer See
Tempzin See
20,9
22,8
Friedrichswalde (Meckl)
Fw
81,2
Br
Brüel (Meckl)
25,7
Keezer See
Wf
29,52
Weitendorf (b. Brüel)
Sternberg (Meckl)
33,9
Sb
Gr. Sternberger See
Trennt-S.
Hd
Hoppenrade (Meckl)
47,84
Kgr
Klein Grabow
44,38
Mh
Marienhof
41,1
Lg
Langhagen
61,47
Dl
Dabel
40,7
Bor
Borkow
44,3
Wooseriener S.
Upahler See
Gardener See
Krakow am See (Meckl)
38,1
Kw
Krakower See
Bow
Below
51,0
Bsw
Bossow
33,1
Warnow
Barniner See
Crivitz
24,3
Cz
Zid
Zidderich
52,15
Dobbertiner See
Goldberg (Meckl)
57,37
Gld
Goldberger See
Glave
30,1
Gla
Nebel
Wendisch Waren
60,123
Wwa
Damerower See
66,0
Dw
Damerow
68,25
Dwf
Damerower Forst
Zarchlin
Zch
56,8
Ka
Karow (Meckl)
61,0/71,6/24,6
Drewitzer See
Ru
Ruthenbeck
29,73
Fr
Friedrichsruhe (Meckl)
32,73
Passow (Meckl)
45,4
Gi
Gallin
50,7
Kaz
58,58
VEG-Saatzucht Karow (M)
Pas
Nos
Nossentin
78,66
Alt Schwerin
As
Malchow (Meckl)
Mal
Mab
Malchow (M) Bauhof 72,840
Fleesen-S
Ds
Domsühl
37,47
Zl
Zieslübbe
39,5
Lz
Lübz
40,2
Müritz-Elde-Wasserstraße
Pl
Plau (Meckl)
15,21
Zw
Zölkow
28,1
De
Darze
30,9
34,4
Rm
Rom (Meckl)
27,4
27,2
Pm
Parchim
25,9/45,53
Neuhof (b. Parchim)
Nh
Elde
Dt
Dütschow
15,2
Spo
Spornitz
17,63
Slm
Silbermühle
10,6
Plauer See
11,01
Neb
Neustadt-Glewe Bauhof
8,9
Neustadt-Glewe
Gln
Ganzlin
6,38/0,0
Alt
Altenhof (Meckl)
9,48
13,18
Knüppeldamm
Kn
Wp
Wendisch Priborn
1,48
0,0
83,538
Mey
Meyenburg
61,46
Massower See
Grabow (Meckl)
163,21
Nee
Neese
158,56
Wrn
Klein Warnow
154,83
Ste
Streesow
150,78
Margaretental
21,73
Mgr
Bg
Brügge (Prign)
55,13
Pu
Putlitz
17,03
Lsk
Laaske
12,45
Fa
Falkenhagen (Prign)
48,94
Stepenitz
Löcknitz
Dosse
Gehlsbach
Mühlbach
Recknitz
Beke
105
103
108
104
192
191
321
198
5
Groß

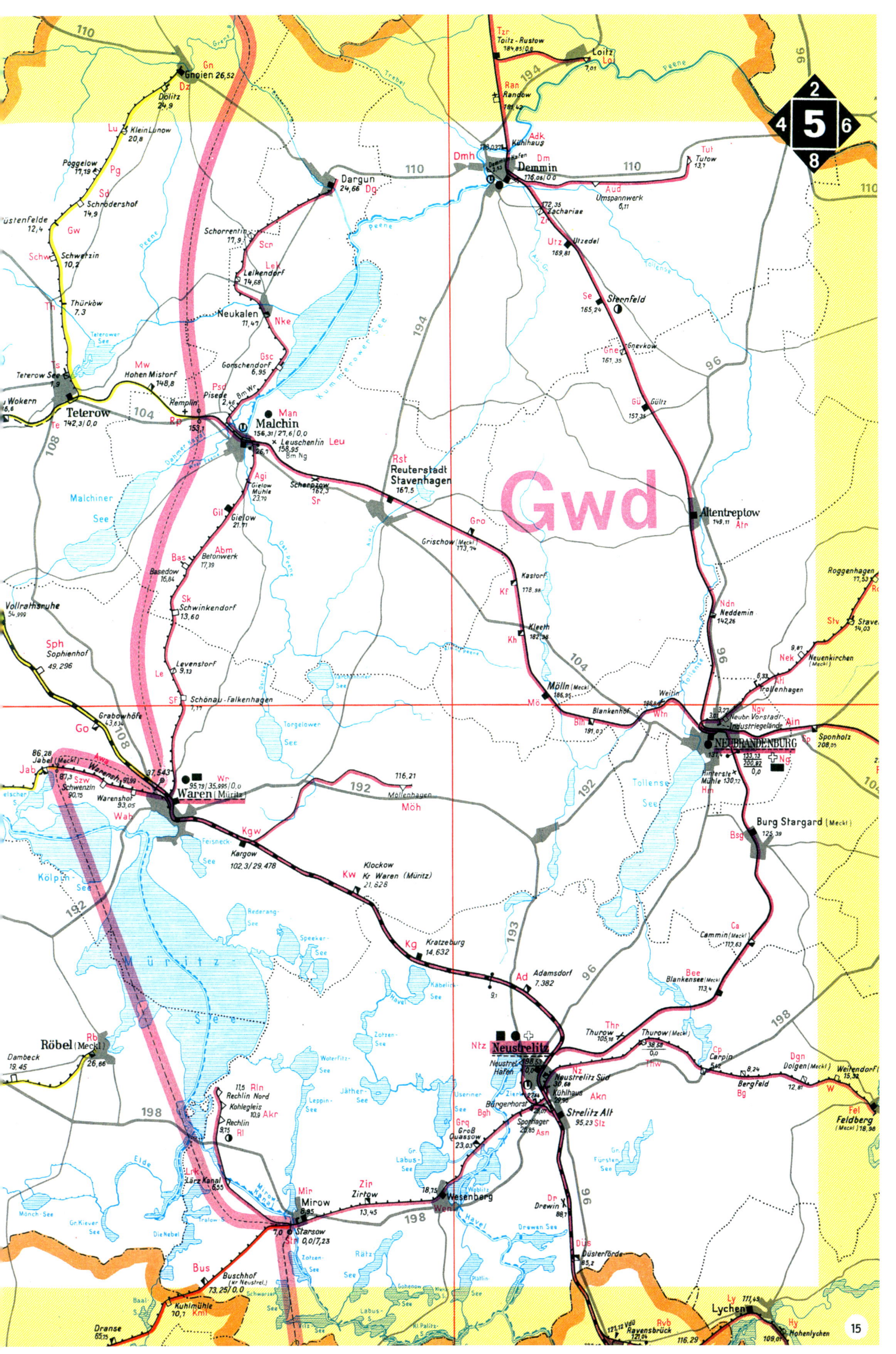

Gwd
2
4
5
6
8
Gnoien 26,52
Dölitz 24,9
Klein Lunow 20,8
Poggelow 17,19
Schrödershof 14,9
Schwerzin 10,2
Thürkow 7,3
Teterow See 1,9
Teterow 142,3/0,0
Hohen Mistorf 148,8
Remplin
Pisede 2,46
Neukalen 11,47
Gorschendorf 6,95
Leikendorf 14,68
Schorrentin 17,9
Dargun 24,66
Demmin 176,06/0,0
Toitz-Rustow 184,85/0,0
Loitz 7,05
Randow 181,42
Kühlhaus
Tutow 13,7
Umspannwerk 6,11
Zachariae
Utzedel 169,81
Sternfeld 165,24
Gnevkow 161,35
Gültz 157,35
Altentreptow 149,11
Neddemin 142,26
Roggenhagen 17,53
Neuenkirchen (Meckl)
Trollenhagen
Sponholz 208,05
Malchin 156,31/27,6/0,0
Leuschentin 158,95
Gielow Mühle 23,79
Gielow 21,71
Betonwerk 17,39
Basedow 16,84
Schwinkendorf 13,60
Levenstorf 9,13
Schönau-Falkenhagen 7,17
Scharpzow 162,3
Reuterstadt Stavenhagen 167,5
Grischow (Meckl) 173,74
Kastorf 178,98
Kleeth 182,38
Mölln (Meckl) 186,95
Blankenhof 191,03
Weitin
Neubr. Vorstadt
Industriegelände
NEUBRANDENBURG
Hinterste Mühle 130,12
Burg Stargard (Meckl) 125,39
Cammin (Meckl) 117,63
Blankensee (Meckl) 113,4
Vollrathsruhe 54,999
Sophienhof 49,296
Grabowhöfe 43,634
Jabel (Meckl) 86,28
Schwenzin 90,75
Warenshof 93,05
Waren (Müritz) 95,79/35,995/0,0
Möllenhagen 116,21
Kargow 102,3/29,478
Klockow Kr Waren (Müritz) 21,628
Kratzeburg 14,632
Adamsdorf 7,382
Neustrelitz
Neustrelitz Hafen
Neustrelitz Süd 30,68
Kühlhaus 29,96
Strelitz Alt 95,23
Thurow 105,16
Thurow (Meckl)
Carpin
Bergfeld
Dolgen (Meckl)
Weitendorf 15,32
Feldberg (Meckl) 18,98
Bürgerhorst
Sportlager 26,85
Groß Quassow 23,03
Drewin 88,7
Düsterförde 85,2
Wesenberg
Zirtow 13,45
Mirow 8,95
Starsow 0,0/7,23
Lärz Kanal 6,55
Rechlin Nord
Kohlegleis
Rechlin
Buschhof (kr Neustrel.) 73,25/0,0
Kuhlmühle 70,7
Dranse
Röbel (Meckl) 26,66
Dambeck 19,45
Ravensbrück 121,04
Lychen 111,43
Hohenlychen 109,01
Malchiner See
Kummerower See
Teterower See
Tollense See
Müritz-See
Kölpin-See
Feisneck-See
Peene
Trebel
Havel
Elde
Mirow Kanal
Dahmer Kanal
Tollense
110
104
108
192
193
194
96
198

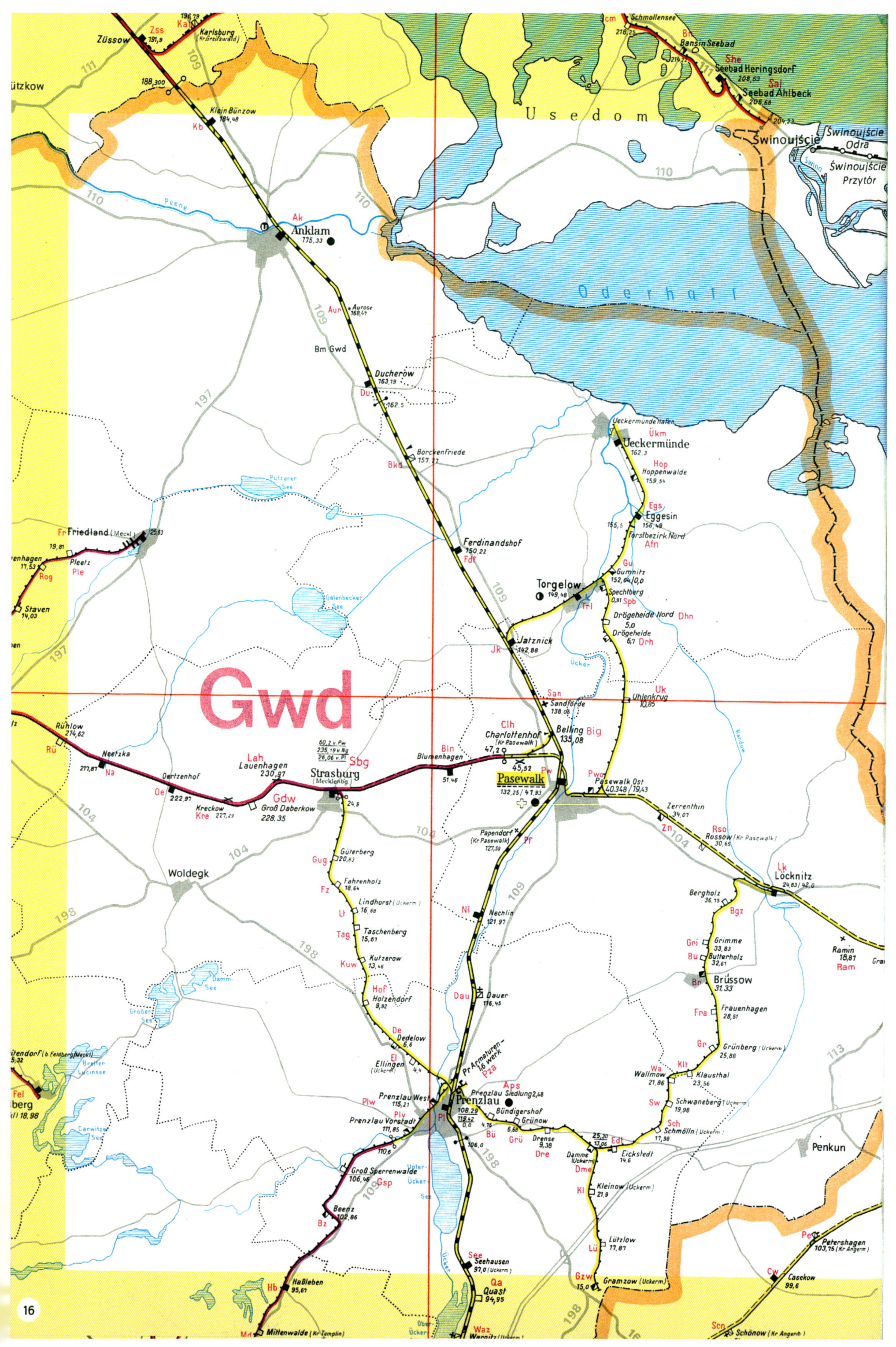
Gwd
Usedom
Oderhaff
Peene
Züssow
Zss
191,9
Karlsburg
Kat
Klein Bünzow
184,48
Kb
Anklam
Ak
175,33
Aurose
168,41
Aur
Bm Gwd
Ducherow
163,19
Du
Borckenfriede
157,27
Bkd
Ferdinandshof
150,22
Fdf
Jatznick
142,88
Jk
Sandförde
San
Belling
Big
135,08
Charlottenhof
Clh
Pasewalk
Pw
132,25 / 41,93
Pasewalk Ost
Pwo
Papendorf
Pf
Nechlin
121,97
Nl
Dauer
116,45
Dau
Prenzlau
Pl
108,29
Prenzlau West
Plw
115,21
Prenzlau Vorstadt
Plv
111,85
Pr Armaturen-werk
Pza
Prenzlau Siedlung
Aps
Ueckermünde Hafen
Ueckermünde
Ükm
162,3
Hoppenwalde
Hop
159,54
Eggesin
Egs
156,49
Forstbezirk Nord
Afn
Gumnitz
Gu
Torgelow
149,48
Trl
Spechtberg
Spb
Drögeheide Nord
Dhn
Drögeheide
Drh
Uhlenkrug
Uk
10,85
Friedland
Fr
25,83
Pleetz
Ple
Rog
Staven
14,03
Rühlow
274,62
Rü
Neetzka
217,81
Na
Oertzenhof
222,97
Oe
Kreckow
Kre
Groß Daberkow
228,35
Gdw
Lauenhagen
230,97
Lah
Strasburg (Mecklenbg.)
Sbg
Blumenhagen
51,46
Bln
Woldegk
Güterberg
20,83
Gug
Fahrenholz
18,64
Fz
Lindhorst (Uckerm.)
16,68
Lt
Taschenberg
15,61
Tag
Kutzerow
13,46
Kuw
Holzendorf
9,92
Hof
Dedelow
6,6
De
Ellingen (Uckerm.)
El
Groß Sperrenwalde
106,46
Gsp
Beenz
102,86
Bz
Haßleben
95,61
Hb
Mittenwalde (Kr Templin)
Md
Seehausen
97,0 (Uckerm.)
See
Quast
94,95
Qa
Warnitz
Waz
Bündigershof
Bü
Grünow
Grü
Drense
9,38
Dre
Damme (Uckerm.)
Dme
Eickstedt
14,6
Edt
Kleinow (Uckerm.)
21,9
Kl
Lützlow
17,87
Lü
Gramzow (Uckerm.)
15,0
Gzw
Zerrenthin
34,07
Zn
Rossow (Kr Pasewalk)
30,65
Rso
Löcknitz
Lk
Bergholz
36,75
Bgz
Grimme
33,83
Gri
Butterholz
32,61
Bu
Brüssow
31,33
Br
Frauenhagen
28,51
Fra
Grünberg (Uckerm.)
25,88
Gr
Wallmow
21,86
Wa
Klausthal
23,56
Klt
Schwaneberg (Uckerm.)
19,98
Sw
Schmölln (Uckerm.)
17,98
Sch
Ramin
18,81
Ram
Penkun
Petershagen
Pe
Casekow
99,6
Cw
Schönow (Kr Angerm.)
Scn
Schmollensee
Bansin Seebad
Seebad Heringsdorf
208,63
She
Seebad Ahlbeck
206,68
Sal
Świnoujście
Świnoujście Odra
Świnoujście Przytór
Swina
Putzarer See
Galenbecker See
Damm-See
Großer See
Breiter Lucinsee
Carwitzer See
Unter-Ücker-See
Ober-Ücker
Ücker
Randow
Lützkow
Fel

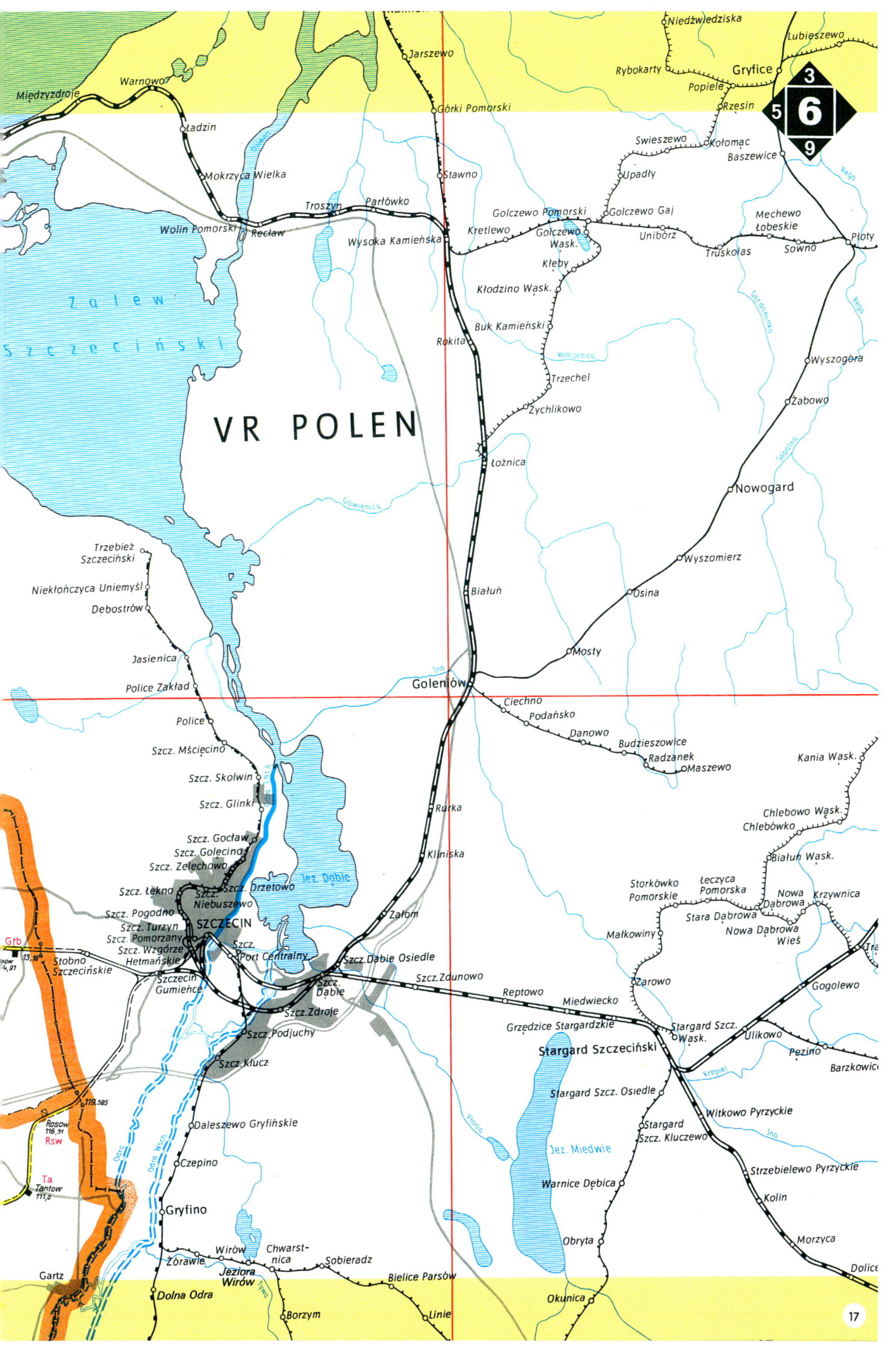

Niedźwiedziska
Lubieszewo
Jarszewo
Rybokarty
Gryfice
Popiele
3
6
5
9
Międzyzdroje
Warnowo
Górki Pomorski
Rzesin
Ładzin
Swieszewo
Kołomąc
Baszewice
Mokrzyca Wielka
Stawno
Upadły
Rega
Troszyn
Parłówko
Golczewo Pomorski
Golczewo Gaj
Mechewo
Łobeskie
Wolin Pomorski
Recław
Kretlewo
Golczewo Wąsk.
Unibórz
Truskolas
Sowno
Płoty
Wysoka Kamieńska
Kłeby
Kłodzino Wąsk.
Zalew
Szczeciński
Buk Kamieński
Rokita
Wołczenica
Wyszogóra
Trzechel
Żabowo
Żychlikowo
VR POLEN
Łożnica
Nowogard
Gowienica
Trzebież Szczeciński
Wyszomierz
Niekłończyca Uniemyśl
Białuń
Osina
Dębostrów
Jasienica
Mosty
Police Zakład
Ina
Goleniów
Ciechno
Podańsko
Police
Danowo
Budzieszowice
Szcz. Mścięcino
Radzanek
Maszewo
Kania Wąsk.
Szcz. Skolwin
Szcz. Glinki
Rurka
Chlebowo Wąsk.
Chlebówko
Szcz. Gocław
Szcz. Golęcino
Kliniska
Białuń Wąsk.
Szcz. Żelechowo
Jez. Dąbie
Storkówko Pomorskie
Łęczyca Pomorska
Nowa Dąbrowa
Krzywnica
Szcz. Łękno
Szcz. Drzetowo
Szcz. Niebuszewo
Szcz. Pogodno
Załom
Stara Dąbrowa
Szcz. Turzyn
SZCZECIN
Nowa Dąbrowa Wieś
Szcz. Pomorzany
Szcz. Port Centralny
Małkowiny
Grb
Szcz. Wzgórze Hetmańskie
Szcz. Dąbie Osiedle
13,78
Stobno Szczecińskie
Szcz. Gumieńce
Szcz. Dąbie
Szcz. Zdunowo
Żarowo
Gogolewo
Reptowo
Miedwiecko
Szcz. Zdroje
Grzędzice Stargardzkie
Stargard Szcz. Wąsk.
Ulikowo
Szcz. Podjuchy
Stargard Szczeciński
Pęzino
Barzkowice
Szcz. Klucz
Krąpiel
Stargard Szcz. Osiedle
119,585
Witkowo Pyrzyckie
Rosow 116,51
Rsw
Daleszewo Gryfińskie
Stargard Szcz. Kluczewo
Ina
Płonia
Jez. Miedwie
Czepino
Odra
Odra Wsch.
Strzebielewo Pyrzyckie
Ta
Tantow 111,0
Warnice Dębica
Kolin
Gryfino
Obryta
Morzyca
Chwarst-nica
Wirów
Żórawie
Sobieradz
Jeziora Wirów
Bielice Parsów
Dolice
Gartz
Dolna Odra
Okunica
Borzym
Linie

DR Transitverbindungen und Großcontainerbahnhöfe

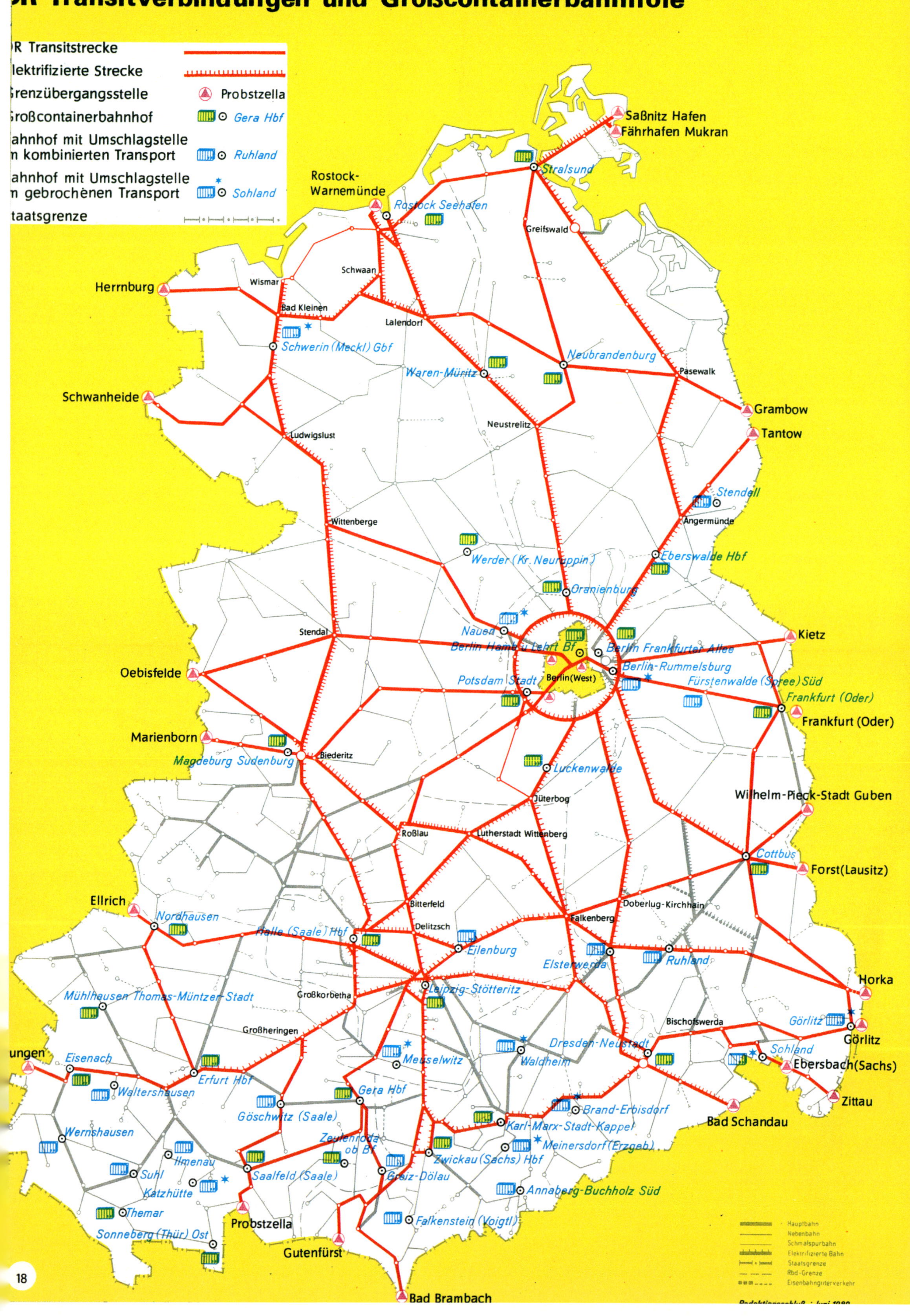

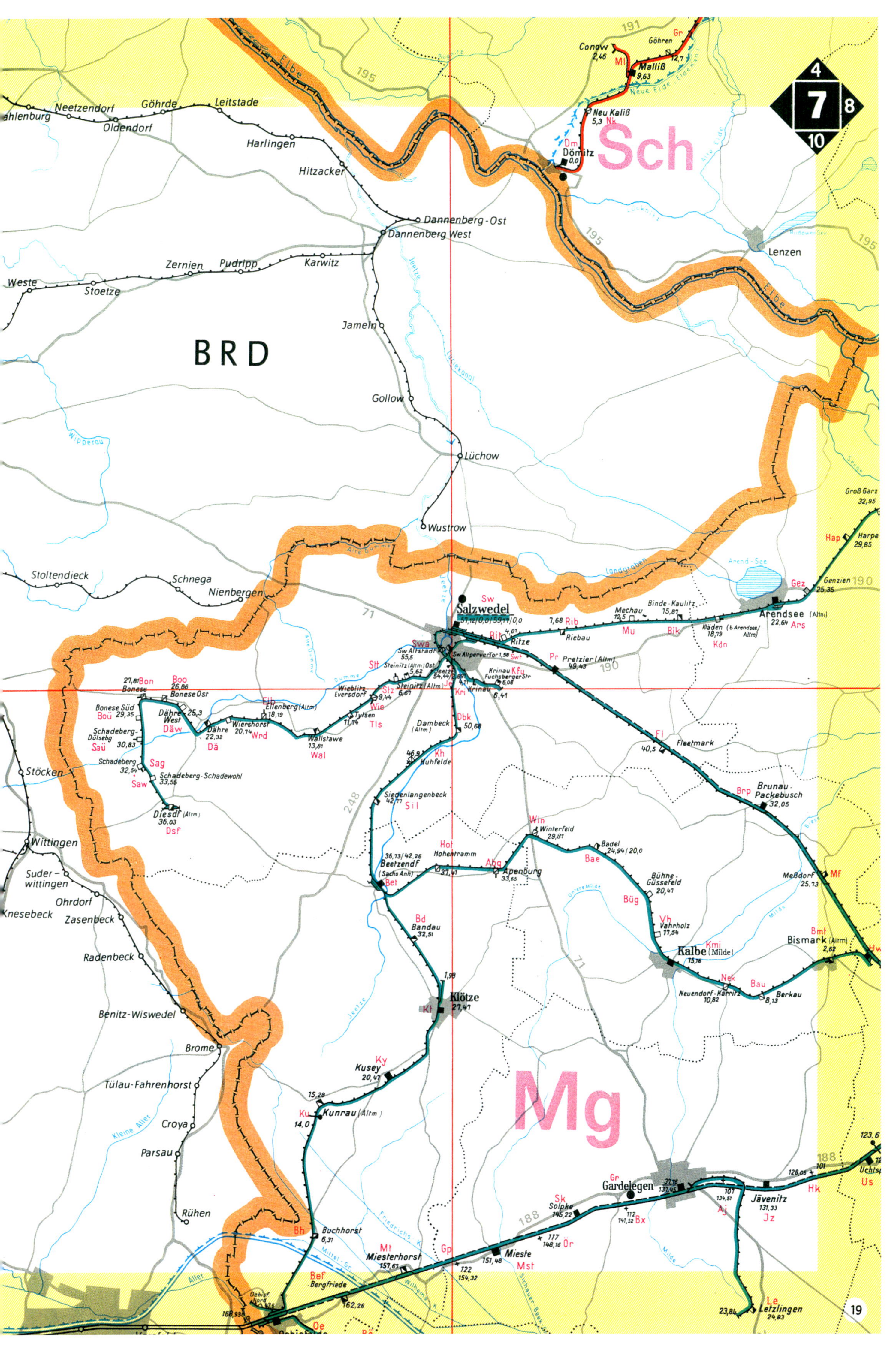

7
4
8
10
Sch
BRD
Mg
Dömitz
Conow
Göhren
Malliß
Neu Kaliß
Lenzen
Neetzendorf
Göhrde
Leitstade
Oldendorf
Harlingen
Hitzacker
Dannenberg-Ost
Dannenberg West
Zernien
Pudripp
Karwitz
Weste
Stoetze
Jameln
Gollow
Lüchow
Wustrow
Stoltendieck
Schnega
Nienbergen
Salzwedel
Ritze
Riebau
Mechau
Binde-Kaulitz
Kläden
Arendsee (Altm)
Genzien
Harpe
Groß Garz
Pretzier (Altm)
Krinau
Steinitz (Altm)
Wieblitz-Eversdorf
Tylsen
Ellenberg (Altm)
Wiershorst
Wallstawe
Dähre
Bonese
Bonese Ost
Bonese Süd
Schadeberg-Dülsebg
Schadeberg
Schadeberg-Schadewohl
Diesdf (Altm)
Dambeck (Altm)
Kuhfelde
Siedenlangenbeck
Beetzendf (Sachs Anh)
Hohentramm
Apenburg
Winterfeld
Badel
Bühne-Güssefeld
Vahrholz
Kalbe (Milde)
Neuendorf-Karritz
Berkau
Bismark (Altm)
Meßdorf
Fleetmark
Brunau-Packebusch
Bandau
Klötze
Kusey
Kunrau (Altm)
Buchhorst
Miesterhorst
Mieste
Solpke
Gardelegen
Jävenitz
Letzlingen
Stöcken
Wittingen
Suderwittingen
Ohrdorf
Knesebeck
Zasenbeck
Radenbeck
Benitz-Wiswedel
Brome
Tülau-Fahrenhorst
Croya
Parsau
Rühen
Elbe
Neue Elde
Jeetze
Dumme
Aller
Milde
195
191
71
190
248
188

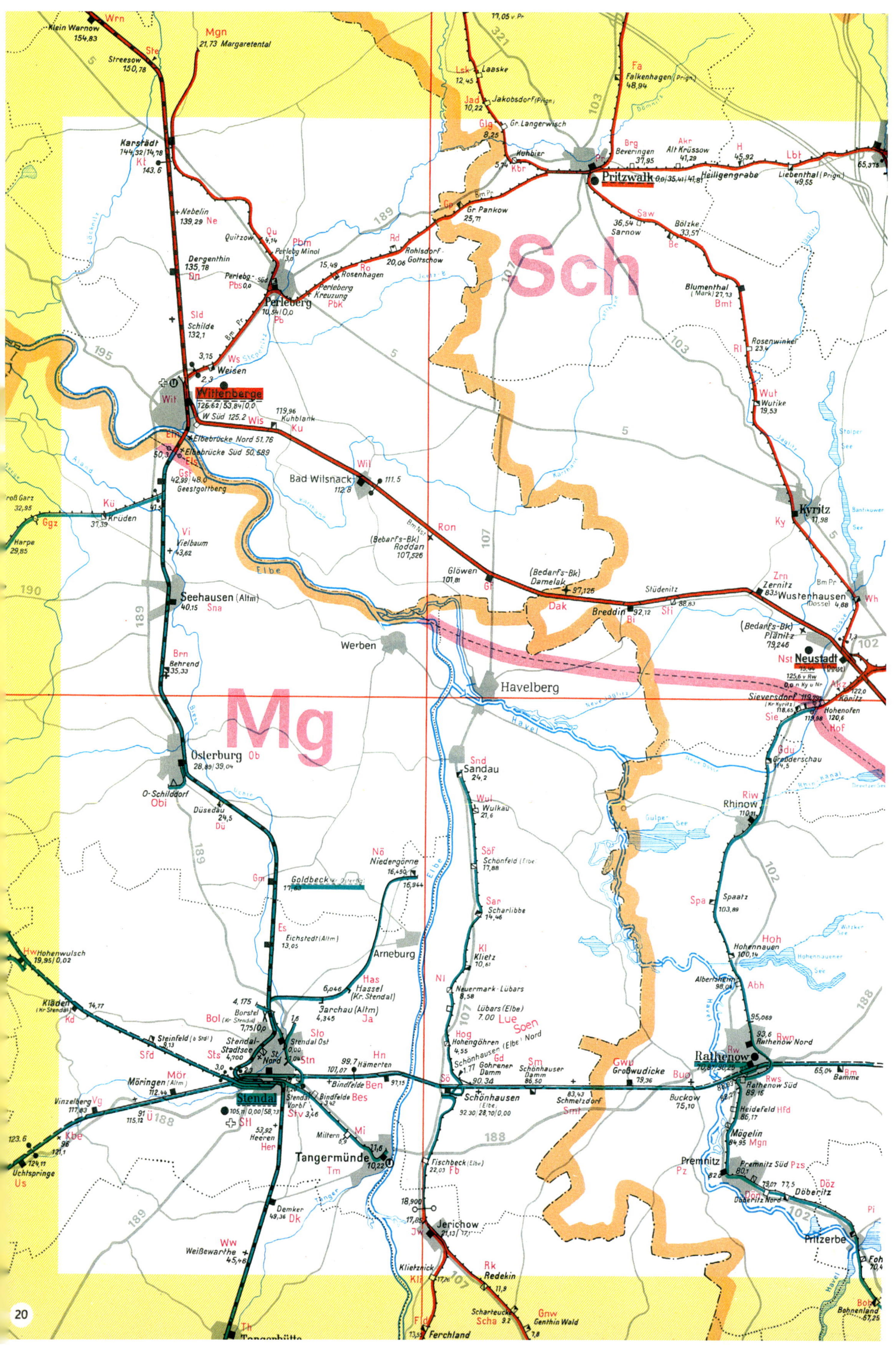

Klein Warnow 154,83
Wrn
Streesow 150,78
Ste
Mgn
21,73 Margaretental
Karstädt 144,32/14,18
Kt 143,6
Nebelin 139,29 Ne
Quitzow Qu 4,14
Pbm
Perlebg Minol 3,0
Dergenthin 135,78 Dn
Perleb-Süd Pbs 0,0
Perleberg 10,54/0,0 Pb
Perleberg Kreuzung PbK
15,49 Ro Rosenhagen
Rd Rohlsdorf-Gottschow 20,06
Sld Schilde 132,1
3,15 Ws Weisen 2,3
Wit
Wittenberge 126,62/53,84/0,0
W Süd 125,2
119,96 Kuhblank Wis Ku
Elbebrücke Nord 51,76
Elbebrücke Süd 50,589
Elb Els 50,3
Gst 42,99/48,0 Geestgottberg
Kü Krüden 37,39
Ggz
Harpe 29,85
Vi Vielbaum 43,62
Bad Wilsnack 112,8 111,5 Wil
Ron
(Bedarfs-Bk) Roddan 107,526
Glöwen 101,81 Gf
(Bedarfs-Bk) Damelak 97,125 Dak
Breddin 92,12 Bi
Stüdenitz 88,83 Sti
Seehausen (Altm) 40,15 Sna
Brn Behrend 35,33
Werben
Havelberg
Osterburg 28,89/39,04 Ob
O-Schilddorf Obi
Düsedau 24,5 Dü
Gm
Goldbeck (Kr Osterburg) 17,83
Nö Niedergörne 16,450 16,944
Es Eichstedt (Altm) 13,05
Arneburg
Has Hassel (Kr. Stendal) 6,046
Jarchau (Altm) 4,345 Ja
Hw Hohenwulsch 19,95/0,02
Kläden (Kr Stendal) 14,77 Kd
Bol Borstel (Kr. Stendal) 7,75/0,0
4,175
Steinfeld (b Stdl) 9,13
Sfd
Stendal-Stadtsee 4,700 Sts
St. Nord
Slo Stendal Ost
Stn
Möringen (Altm) 112,44 Mör
Vinzelberg 117,83 Vg
Stendal 105,11/0,00/58,73
Stl
Stendal Vorbf Stv 3,46
Bindfelde 3,42 Bes
Bindfelde Ben
99,7 Hämerten 101,07 Hn
97,15
91 115,12 Ü
Kbe 96 121,1
123,6 124,11 Uchtspringe Us
53,92 Heeren Her
Miltern 6,9 Mi
Tangermünde 11,6 10,22 Tm
Demker 49,36 Dk
Ww Weißewarthe 45,46
Th Tangerhütte
Snd Sandau 24,2
Wul Wulkau 21,6
Söf Schönfeld (Elbe) 17,88
Sar Scharlibbe 14,46
Kl Klietz 10,61
Nl
Neuermark-Lübars 8,58
Lübars (Elbe) 7,00 Lue
Soen
Hog Hohengöhren 4,55
Schönhausen (Elbe) Nord 1,77
Gd Gohrener Damm 90,34
Sm Schönhauser Damm 86,50
Sö
Schönhausen (Elbe) 92,30/28,10/0,00
83,43 Schmetzdorf Smf
Gwu Großwudicke 79,36
Buo Buckow 75,10
Fischbeck (Elbe) 22,03 Fb
18,900
17,85
Jerichow 21,13/17,1 Jw
Rk Redekin 11,9
Klietznick Kli 17,76
Scharteucke Scha 9,2
Gnw Genthin Wald 7,8
Fld Ferchland 13,52
Lsk Laaske 12,45
Jad Jakobsdorf (Prign) 10,22
Glg 8,25 Gr. Langerwisch
Kuhbier 5,74 Kbr
Gp Gr. Pankow 25,71
Fa Falkenhagen (Prign) 48,94
Brg Beveringen 37,95
Akr Alt Krüssow 41,29
H 45,92 Heiligengrabe
Lbt Liebenthal (Prign) 49,55
65,375
Pritzwalk 0,0/35,41/41,81
Pr
Saw 36,54 Sarnow
Bölzke 33,57 Be
Blumenthal (Mark) 27,13 Bmt
Rosenwinkel 23,4 Rl
Wut Wutike 19,53
Kyritz 11,98 Ky
Zrn Zernitz 83,5
Wustenhausen (Dosse) 4,88
Wh
(Bedarfs-Bk) Plänitz 79,246
Neustadt (Dosse) Nst
125,6 v Rw
0,0 n Ky u Nr
Akz 122,0 Könitz
Sieversdorf (Kr Kyritz) 118,65 119,79
Hohenofen 120,6
Sie Hof
Gdu Gnoderschau 114,5
Riw Rhinow 110,11
Spa Spaatz 103,89
Hoh Hohennauen 100,14
Albertsheim 98,04
Abh
95,069
93,6 Rwn Rathenow Nord
Rathenow 70,87/90,25 Rw
65,04 Bm Bamme
Rws Rathenow Süd 89,16
Heidefeld 86,17 Hfd
Mögelin 84,95 Mgn
Premnitz Pz
Premnitz Süd Pzs 82,0 80,1
Döberitz Nord Dön
Döz Döberitz
Pritzerbe
Pi
Foh
Bob Bohnenland 67,25
Sch
Mg
Elbe
Havel
Dosse
Jäglitz
Stepenitz
Karthane
Gülper See
Hohennauener See
Rhin-Kanal
Neue Jäglitz
Uchte
Biese
Tanger
5
103
107
189
195
190
321
102
188

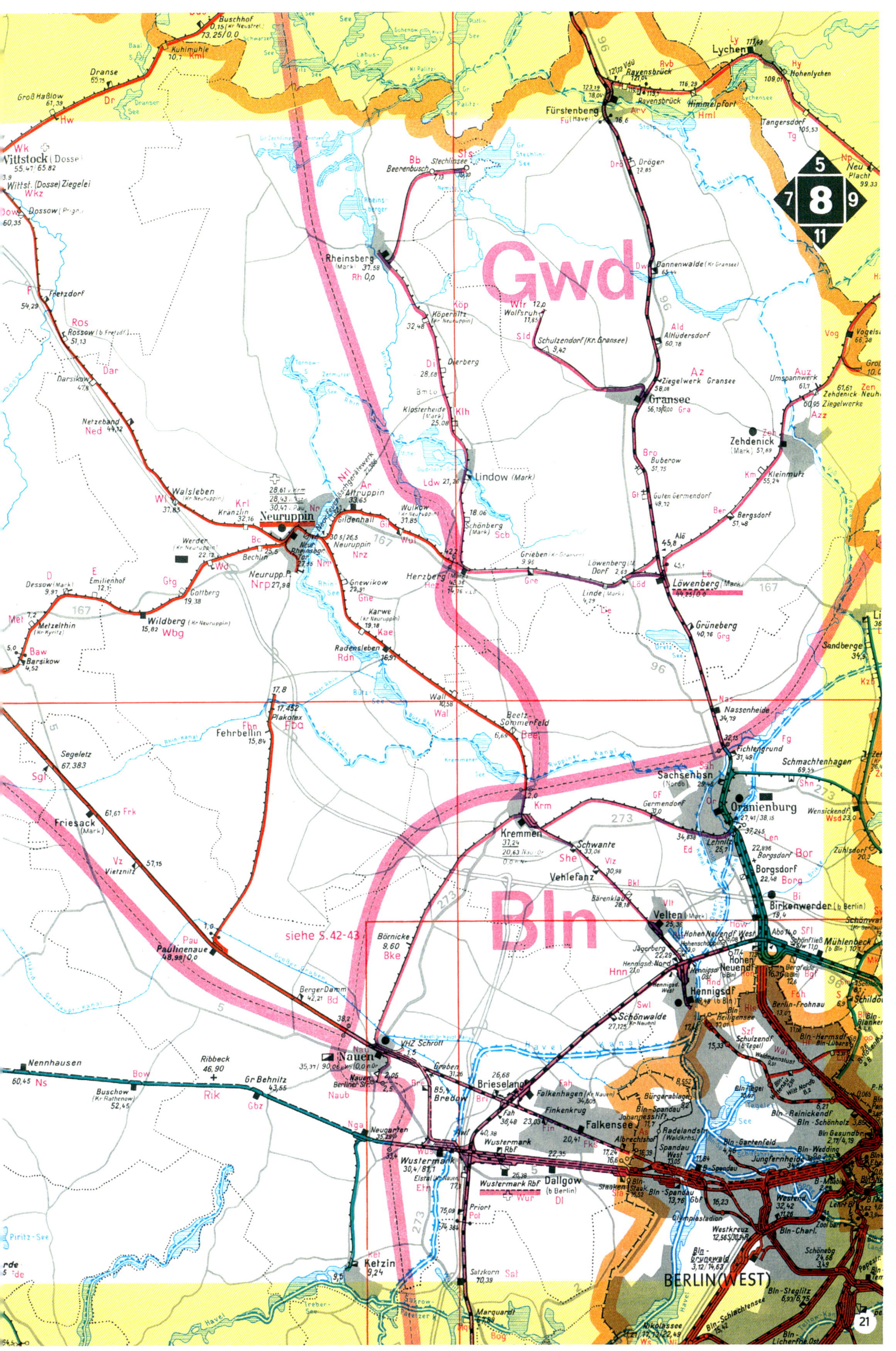

Gwd
Bln
5
7 8 9
11
siehe S. 42-43
Buschhof
Kuhlmühle
Dranse
Groß Haßlow
Hw
Wittstock (Dosse)
Wittst. (Dosse) Ziegelei
Wkz
Dossow (Prign.)
Fretzdorf
Rossow (b Fretzdf.)
Darsikow
Netzeband
Ned
Walsleben
Kränzlin
Neuruppin
Altruppin
Gildenhall
Wulkow
Werder (Kr Neuruppin)
Bechlin
Gottberg
Dessow (Mark)
Emilienhof
Metzelthin
Wildberg (Kr Neuruppin)
Barsikow
Neurupp. P.
Gnewikow
Karwe (Kr Neuruppin)
Radensleben
Rheinsberg (Mark)
Beerenbusch
Stechlinsee
Köpernitz (Kr Neuruppin)
Dierberg
Klosterheide (Mark)
Lindow (Mark)
Schönberg (Mark)
Herzberg (Mark)
Wolfsruh
Schulzendorf (Kr. Gransee)
Fürstenberg (Havel)
Ravensbrück
Himmelpfort
Lychen
Hohenlychen
Tangersdorf
Drögen
Dannenwalde (Kr Gransee)
Altlüdersdorf
Ziegelwerk Gransee
Gransee
Buberow
Guten Germendorf
Löwenberg (Mark)
Löwenberg Dorf
Linde (Mark)
Grieben (Kr Gransee)
Grüneberg
Zehdenick (Mark)
Kleinmutz
Bergsdorf
Umspannwerk
Zehdenick-Neuhof Ziegelwerke
Vogelsang
Sandberge
Nassenheide
Fichtengrund
Sachsenhausen (Nordb)
Oranienburg
Schmachtenhagen
Wensickendorf
Zühlsdorf
Germendorf
Lehnitz
Borgsdorf
Birkenwerder (b Berlin)
Mühlenbeck
Schönfließ
Hohen Neuendorf
Hohen Neuendf West
Hennigsdorf
Hennigsdf Nord
Velten (Mark)
Bärenklau
Vehlefanz
Schwante
Kremmen
Beetz-Sommerfeld
Wall
Fehrbellin
Plakotex
Segeletz
Friesack (Mark)
Vietznitz
Paulinenaue
Berger Damm
Börnicke
Nauen
VHZ Schroll
Groben
Bredow
Brieselang
Falkenhagen (Kr Nauen)
Finkenkrug
Falkensee
Schönwalde (Kr Nauen)
Nennhausen
Ribbeck
Gr Behnitz
Buschow (Kr Rathenow)
Neugarten
Wustermark
Wustermark Rbf
Elstal
Dallgow (b Berlin)
Priort
Satzkorn
Marquardt
Ketzin
Staaken
Bln-Spandau
Spandau West
Olympiastadion
Westkreuz
Bln-Grunewald
Bln-Charl.
Westend
Jungfernheide
Bln-Gartenfeld
Bln-Tegel
Bln-Reinickendorf
Bln-Schönholz
Bln-Wedding
Bln-Gesundbr.
Bln-Hermsdf
Bln-Frohnau
Schulzendf (b Tegel)
Nikolassee
Bln-Schlachtensee
Bln-Steglitz
Schöneberg
BERLIN (WEST)
Havel
Piritz-See

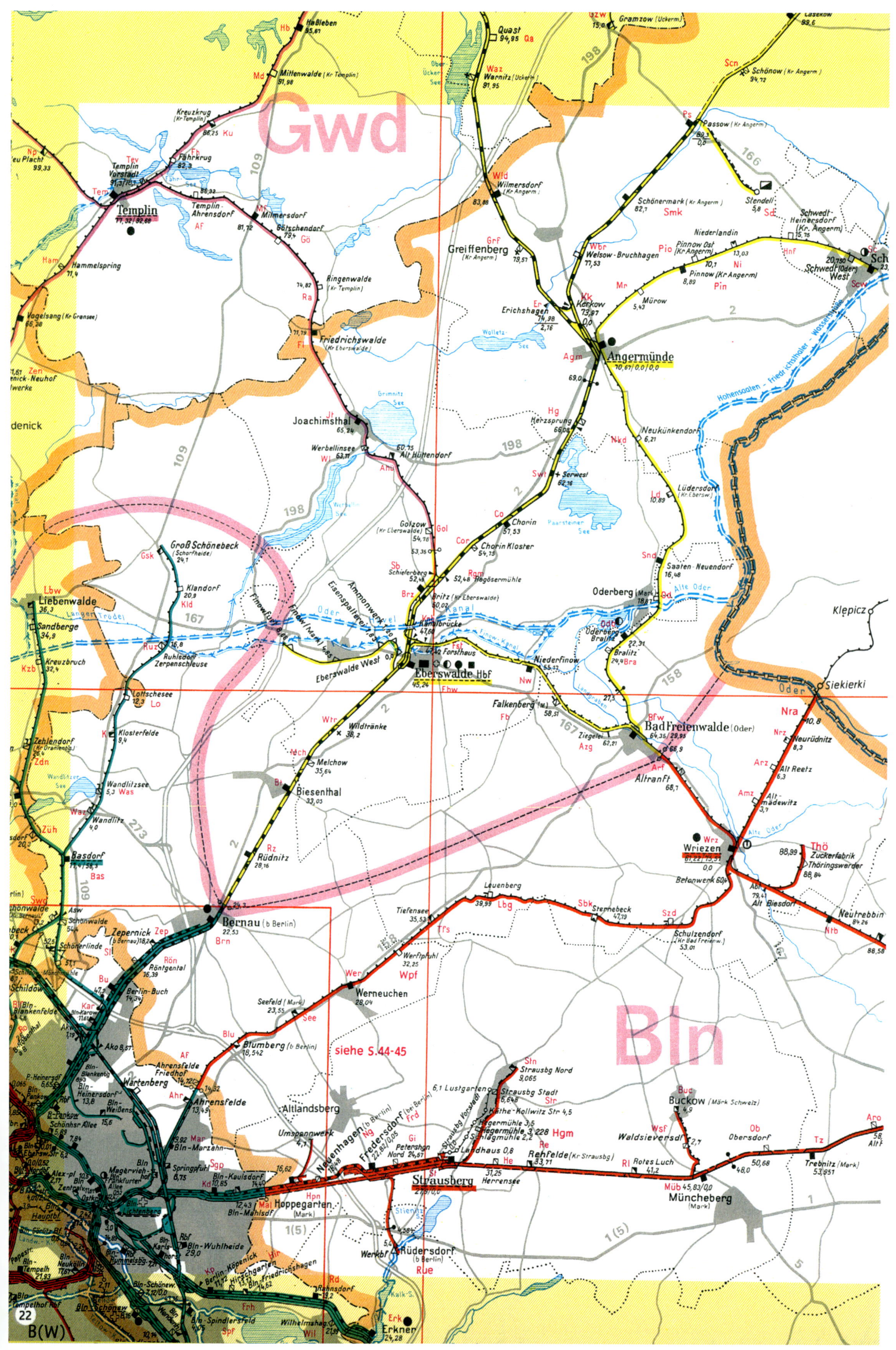

Gwd
Bln
Haßleben
Mittenwalde (Kr Templin)
Kreuzkrug (Kr Templin)
Fährkrug
Templin Vorstadt
Templin
Templin-Ahrensdorf
Milmersdorf
Götschendorf
Hammelspring
Ringenwalde (Kr Templin)
Vogelsang (Kr Gransee)
Friedrichswalde (Kr Eberswalde)
Joachimsthal
Werbellinsee
Alt Hüttendorf
Golzow (Kr Eberswalde)
Schieferberg
Britz (Kr Eberswalde)
Groß Schönebeck (Schorfheide)
Klandorf
Liebenwalde
Sandberge
Kreuzbruch
Ruhlsdorf Zerpenschleuse
Lottschesee
Klosterfelde
Zehlendorf (Kr Oranienbg)
Wandlitzsee
Wandlitz
Basdorf
Schönwalde
Schönerlinde
Zepernick (b Bernau)
Röntgental
Berlin-Buch
Bernau (b Berlin)
Rüdnitz
Biesenthal
Melchow
Wildtränke
Eberswalde West
Eberswalde Hbf
Kanalbrücke
Forsthaus
Chorin
Chorin Kloster
Ragösermühle
Quast
Warnitz (Uckerm)
Wilmersdorf (Kr Angerm)
Greiffenberg (Kr Angerm)
Erichshagen
Angermünde
Herzsprung
Serwest
Kerkow
Welsow-Bruchhagen
Schönermark (Kr Angerm)
Passow (Kr Angerm)
Stendell
Schönow (Kr Angerm)
Gramzow (Uckerm)
Casekow
Niederlandin
Pinnow Ost (Kr Angerm)
Pinnow (Kr Angerm)
Mürow
Schwedt-Heinersdorf (Kr. Angerm)
Schwedt (Oder) West
Neukünkendorf
Lüdersdorf (Kr Eberswalde)
Saaten-Neuendorf
Oderberg (Mark)
Oderberg Bralitz
Bralitz
Niederfinow
Falkenberg (M)
Ziegelei
Bad Freienwalde (Oder)
Altranft
Neurüdnitz
Alt Reetz
Alt-mädewitz
Wriezen
Zuckerfabrik Thöringswerder
Betonwerk
Alt Biesdorf
Neutrebbin
Siekierki
Klępicz
Leuenberg
Sternebeck
Schulzendorf (Kr Bad Freienw.)
Tiefensee
Werftpfuhl
Werneuchen
Seefeld (Mark)
Blumberg (b Berlin)
siehe S.44-45
Ahrensfelde Friedhof
Ahrensfelde
Wartenberg
Altlandsberg
Umspannwerk
Neuenhagen (b Berlin)
Fredersdorf (bei Berlin)
Petershagen Nord
Strausberg Vorstadt
Strausbg Nord
Strausbg Stadt
Lustgarten
Hegermühle
Landhaus
Rehfelde (Kr Strausbg)
Herrensee
Strausberg
Buckow (Märk Schweiz)
Waldsieversdorf
Obersdorf
Rotes Luch
Müncheberg (Mark)
Trebnitz (Mark)
Hoppegarten (Mark)
Bln-Mahlsdorf
Bln-Kaulsdorf
Bln-Marzahn
Springpfuhl
Bln-Wuhlheide
Rüdersdorf (b Berlin)
Erkner
Wilhelmshag.
Rahnsdorf
Hirschgarten
Bln-Friedrichshagen
Berlin-Köpenick
Bln-Spindlersfeld
Bln-Schöneweide
Bln-Pankow
Schönhsr Allee
Bln-Karow
Bln-Blankenfelde
Bln-Heinersdorf
Bln-Weißensee
Bln-Frankfurter Allee
Bln-Lichtenberg
Bln-Tempelhof
Bln-Neukölln
Bln-Hauptbf
Oder
Alte Oder
Hohensaaten - Friedrichsthaler - Wasserstraße
Oder Havel Kanal
Finow-Kanal
Grimnitz See
Werbellin See
Parsteiner See
Wolletz-See
Stienitz
22
B(W)

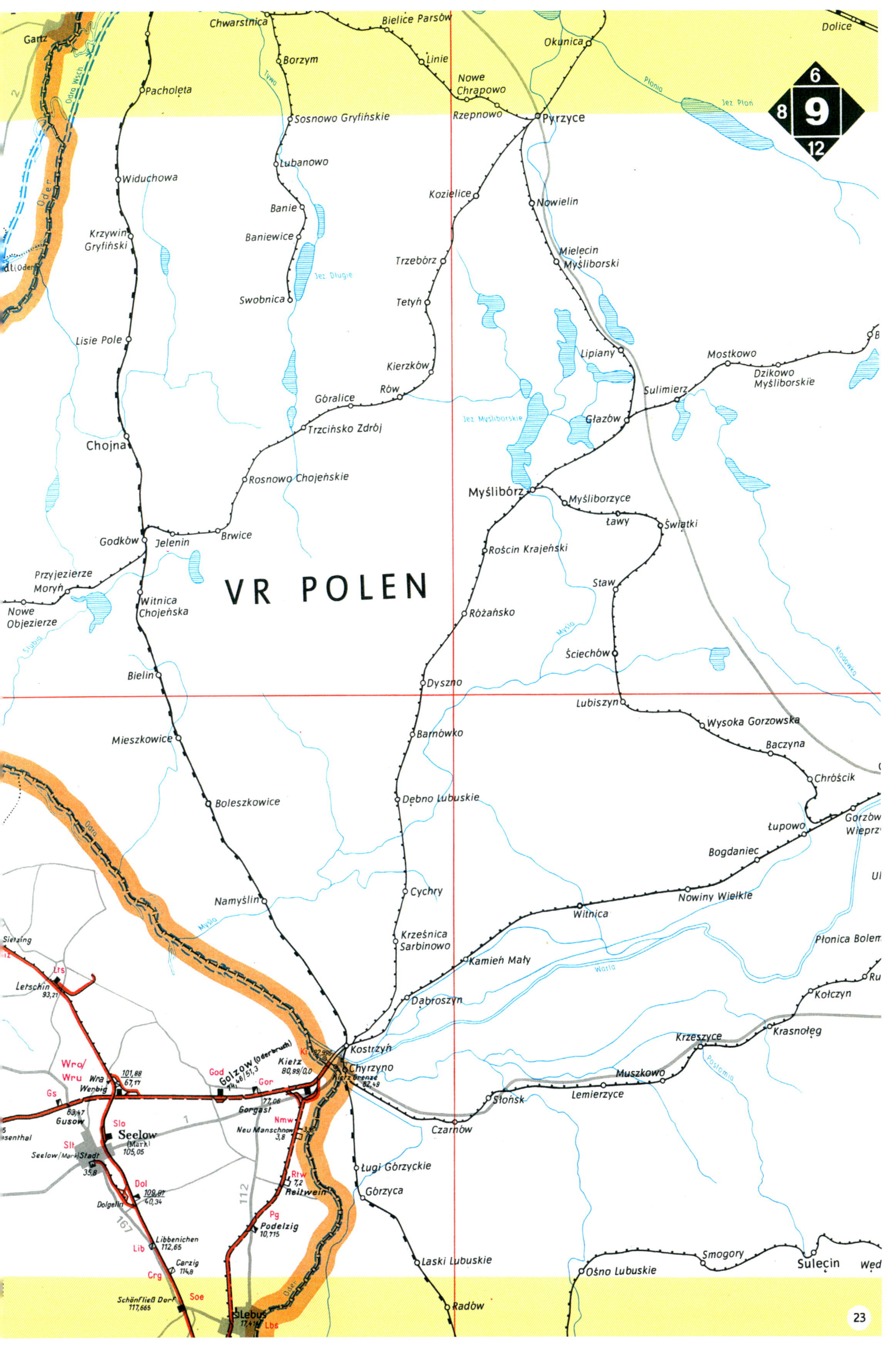

VR POLEN
6
8
9
12
Gartz
Chwarstnica
Bielice Parsów
Borzym
Linie
Okunica
Dolice
Pacholęta
Nowe Chrapowo
Rzepnowo
Pyrzyce
Sosnowo Gryfińskie
Lubanowo
Widuchowa
Kozielice
Nowielin
Banie
Krzywin Gryfiński
Baniewice
Mielęcin Myśliborski
Trzebórz
Swobnica
Tetyń
Lisie Pole
Lipiany
Mostkowo
Dzikowo Myśliborskie
Kierzków
Sulimierz
Rów
Góralice
Głazów
Trzcińsko Zdrój
Chojna
Rosnowo Chojeńskie
Myślibórz
Myśliborzyce
Ławy
Świątki
Godków
Jelenin
Brwice
Rościn Krajeński
Przyjezierze
Moryń
Staw
Nowe Objezierze
Witnica Chojeńska
Różańsko
Ściechów
Bielin
Dyszno
Lubiszyn
Wysoka Gorzowska
Barnówko
Mieszkowice
Baczyna
Chróścik
Dębno Lubuskie
Boleszkowice
Łupowo
Gorzów Wieprz
Bogdaniec
Cychry
Namyślin
Nowiny Wielkie
Witnica
Krześnica Sarbinowo
Kamień Mały
Płonica Bolem
Dąbroszyn
Kołczyn
Kostrzyn
Chyrzyno
Krzeszyce
Krasnołęg
Muszkowo
Lemierzyce
Słońsk
Czarnów
Ługi Górzyckie
Górzyca
Laski Lubuskie
Smogory
Sulęcin
Ośno Lubuskie
Radów
Letschin
Wro/Wru
Wenbig
Gs
Gusow
Golzow (Oderbruch)
Kietz
Kietz Grenze
Gorgast
Neu Manschnow
Seelow (Mark)
Seelow/Mark Stadt
Dol
Dolgelin
Rtw
Reitwein
Pg
Podelzig
Lib
Libbenichen
Crg
Carzig
Schönfließ Dorf
Soe
Lebus
Lbs
Oder
Odra
Warta
Myśla

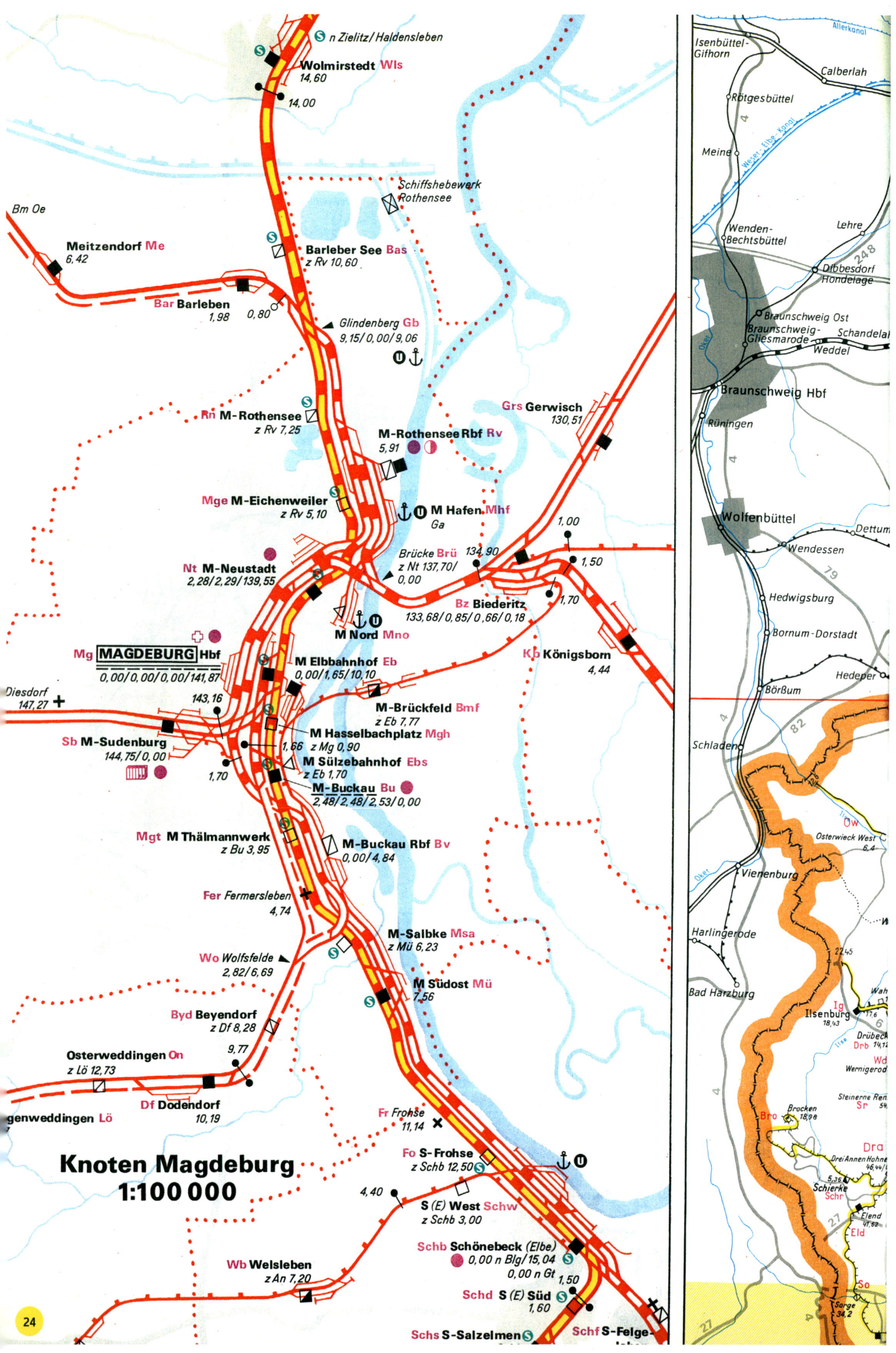

n Zielitz/Haldensleben
Wolmirstedt Wls
14,60
14,00
Schiffshebewerk Rothensee
Bm Oe
Meitzendorf Me
6,42
Barleber See Bas
z Rv 10,60
Bar Barleben
1,98
0,80
Glindenberg Gb
9,15/0,00/9,06
Rn M-Rothensee
z Rv 7,25
Grs Gerwisch
130,51
M-Rothensee Rbf Rv
5,91
Mge M-Eichenweiler
z Rv 5,10
M Hafen Mhf
Ga
1,00
Brücke Brü
z Nt 137,70/
0,00
134,90
1,50
Nt M-Neustadt
2,28/2,29/139,55
Bz Biederitz
133,68/0,85/0,66/0,18
1,70
M Nord Mno
Kb Königsborn
4,44
Mg MAGDEBURG Hbf
0,00/0,00/0,00/141,87
M Elbbahnhof Eb
0,00/1,65/10,10
Diesdorf
147,27
143,16
M-Brückfeld Bmf
z Eb 7,77
M Hasselbachplatz Mgh
z Mg 0,90
Sb M-Sudenburg
144,75/0,00
1,66
M Sülzebahnhof Ebs
z Eb 1,70
1,70
M-Buckau Bu
2,48/2,48/2,53/0,00
Mgt M Thälmannwerk
z Bu 3,95
M-Buckau Rbf Bv
0,00/4,84
Fer Fermersleben
4,74
M-Salbke Msa
z Mü 6,23
Wo Wolfsfelde
2,82/6,69
M Südost Mü
7,56
Byd Beyendorf
z Df 8,28
9,77
Osterweddingen On
z Lö 12,73
Df Dodendorf
10,19
genweddingen Lö
Fr Frohse
11,14
Knoten Magdeburg
1:100 000
Fo S-Frohse
z Schb 12,50
4,40
S (E) West Schw
z Schb 3,00
Schb Schönebeck (Elbe)
0,00 n Blg/15,04
0,00 n Gt
Wb Welsleben
z An 7,20
1,50
Schd S (E) Süd
1,60
Schs S-Salzelmen
Schf S-Felge-
Allerkanal
Isenbüttel-
Gifhorn
Calberlah
Rötgesbüttel
Meine
Weser-Elbe-Kanal
Wenden-
Bechtsbüttel
Lehre
248
Dibbesdorf
Hondelage
Braunschweig Ost
Braunschweig-
Gliesmarode
Schandelah
Weddel
Oker
Braunschweig Hbf
Rüningen
4
Wolfenbüttel
Dettum
Wendessen
79
Hedwigsburg
Bornum-Dorstadt
Hedeper
Börßum
82
Schladen
Ow
Osterwieck West
6,4
Oker
Vienenburg
Harlingerode
22,45
Bad Harzburg
Ig
Ilsenburg
18,43
Drübeck
Drb
Ilse
Wd
Steinerne Renne
Sr
Brocken
18,98
Bro
Dra
Drei Annen Hohne
Schierke
Schr
Elend
Eld
27
So
Sorge
34,2

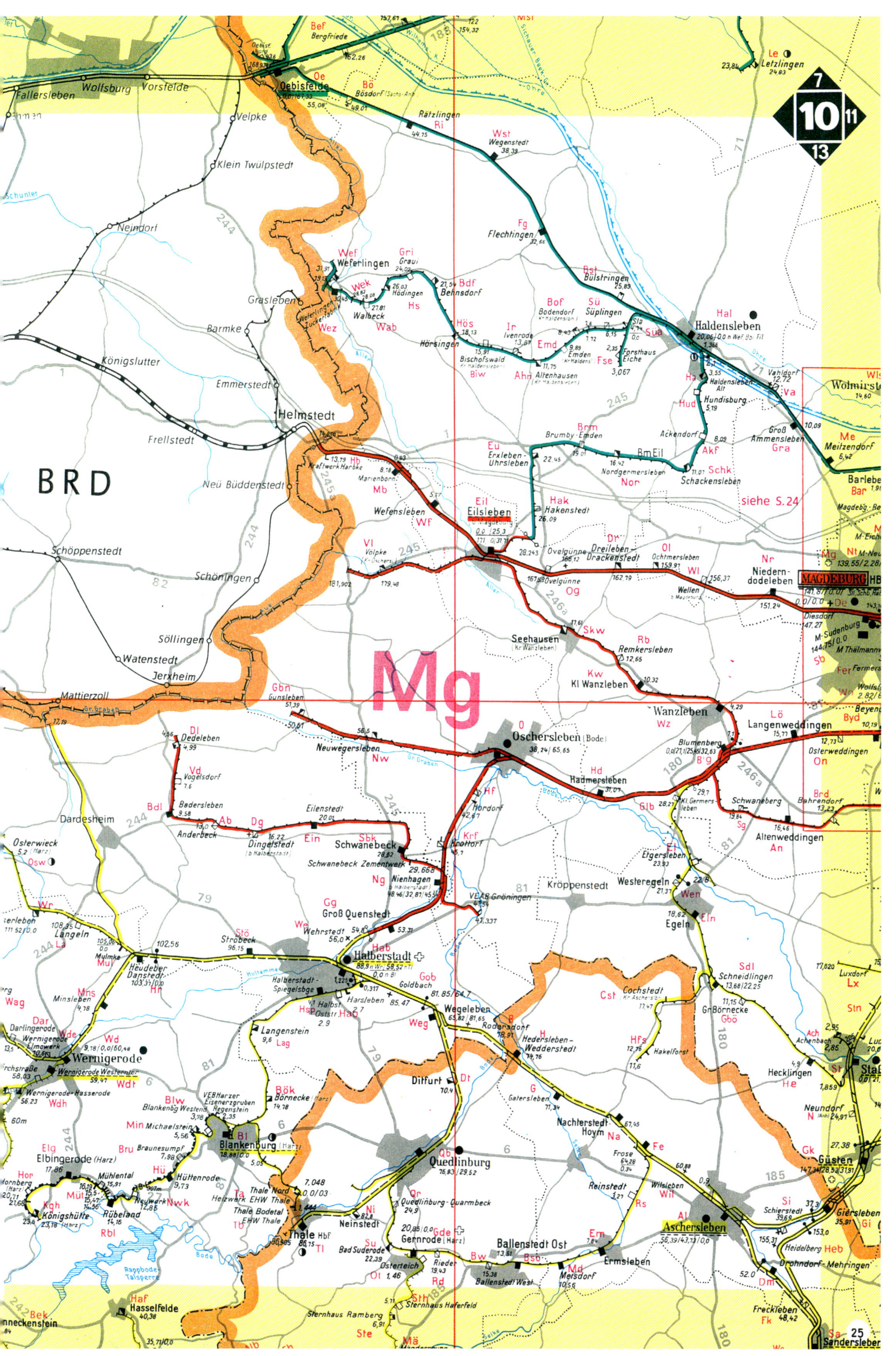

7
10
11
13
Fallersleben
Wolfsburg
Vorsfelde
Oebisfelde
Oe
Bef
Bergfriede
Bö
Bösdorf
Rätzlingen
Ri
Wst
Wegenstedt
Le
Letzlingen
Velpke
Klein Twülpstedt
Neindorf
Fg
Flechtingen
Bst
Bülstringen
Wef
Weferlingen
Gri
Graui
Wek
Bdf
Behnsdorf
Hödingen
Hs
Grasleben
Walbeck
Wez
Wab
Hös
Hörsingen
Bischofswald
Biw
Ir
Ivenrode
Bof
Bodendorf
Sü
Süplingen
Emd
Emden
Ahn
Altenhausen
Fse
Forsthaus Eiche
Süa
Hal
Haldensleben
Vahldorf
Va
Wolmirstedt
Barmke
Königslutter
Emmerstedt
Helmstedt
Frellstedt
BRD
Hb
Kraftwerk Harbke
Marienborn
Mb
Eu
Erxleben-Uhrsleben
Brm
Brumby-Emden
BmEil
Nordgermersleben
Nor
Hud
Hundisburg
Ackendorf
Akf
Schk
Schackensleben
Groß Ammensleben
Gra
Me
Meitzendorf
Barleben
Bar
Neu Büddenstedt
Wefensleben
Wf
Eil
Eilsleben
Hak
Hakenstedt
siehe S. 24
Schöppenstedt
Vl
Völpke
Ovelgünne
Og
Dr
Dreileben-Drackenstedt
Ol
Ochtmersleben
Wl
Wellen
Nr
Niederndodeleben
MAGDEBURG
De
Diesdorf
M-Sudenburg
M Thälmannwerk
Sb
Fer
Schöningen
Söllingen
Watenstedt
Jerxheim
Seehausen
Skw
Rb
Remkersleben
Kw
Kl Wanzleben
Mg
Mattierzoll
Gbn
Gunsleben
Dl
Dedeleben
Vd
Vogelsdorf
Neuwegersleben
Nw
O
Oschersleben (Bode)
Wanzleben
Wz
Lö
Langenweddingen
Byd
Blumenberg
B'g
Osterweddingen
On
Hd
Hadmersleben
Bdl
Badersleben
Ab
Anderbeck
Dg
Dingelstedt
Eilenstedt
Ein
Sbk
Schwanebeck
Schwanebeck Zementwerk
Hf
Hordorf
Glb
Kl. Germersleben
Schwaneberg
Sg
Brd
Bahrendorf
Altenweddingen
An
Dardesheim
Osterwieck
Osw
Krf
Krottorf
Ng
Nienhagen
VEAB Gröningen
Kröppenstedt
El
Etgersleben
Westeregeln
Wen
Egeln
Eln
Wr
Langeln
La
Gg
Groß Quenstedt
We
Wehrstedt
Strobeck
Stö
Mul
Mulmke
Heudeber Danstedt
Hr
Hab
Halberstadt
Halberstadt-Spiegelsberge
Gob
Goldbach
Harsleben
Hsp
Halbst Oststr.
Sdl
Schneidlingen
Luxdorf
Lx
Cst
Cochstedt
Gr Börnecke
Gbö
Stn
Wag
Mns
Minsleben
Wegeleben
Weg
R
Rodersdorf
H
Hedersleben-Wedderstedt
Dar
Darlingerode
Wde
Wernigerode Elmowerk
Wd
Wernigerode
Langenstein
Lag
Hfs
Hakelforst
Ach
Achenbach
Wernigerode Westerntor
Wdt
Wernigerode-Hasserode
Wdh
Blw
Blankenbg Westend
VEB Harzer Eisenerzgruben Regenstein
Bök
Börnecke
Ditfurt
Dt
G
Gatersleben
Hecklingen
He
Bl
Blankenburg (Harz)
Min
Michaelstein
Bru
Braunesumpf
Nachterstedt-Hoym
Na
Neundorf
N
Elg
Elbingerode (Harz)
Mühlental
Hü
Hüttenrode
Qb
Quedlinburg
Frose
Fe
Gk
Güsten
Hor
Kgh
Königshütte
Müt
Rübeland
Rbl
Neuwerk
Nwk
Ta
Thale Nord
Thale Bodetal
Tb
Qr
Quedlinburg-Quarmbeck
Ni
Neinstedt
Reinstedt
Rs
Wilsleben
Wil
Al
Aschersleben
Si
Schierstedt
Giersleben
Gi
Thale Hbf
Tl
Su
Bad Suderode
Gde
Gernrode (Harz)
Ballenstedt Ost
Bso
Em
Ermsleben
Heidelberg
Heb
Rappbode Talsperre
Ot
Osterteich
Rieder
Rd
Bw
Ballenstedt West
Md
Mersdorf
Drohndorf-Mehringen
Dm
Haf
Hasselfelde
Bek
Sth
Sternhaus Haferfeld
Sternhaus Ramberg
Ste
Frecksleben
Fk
Sa
Sandersleben

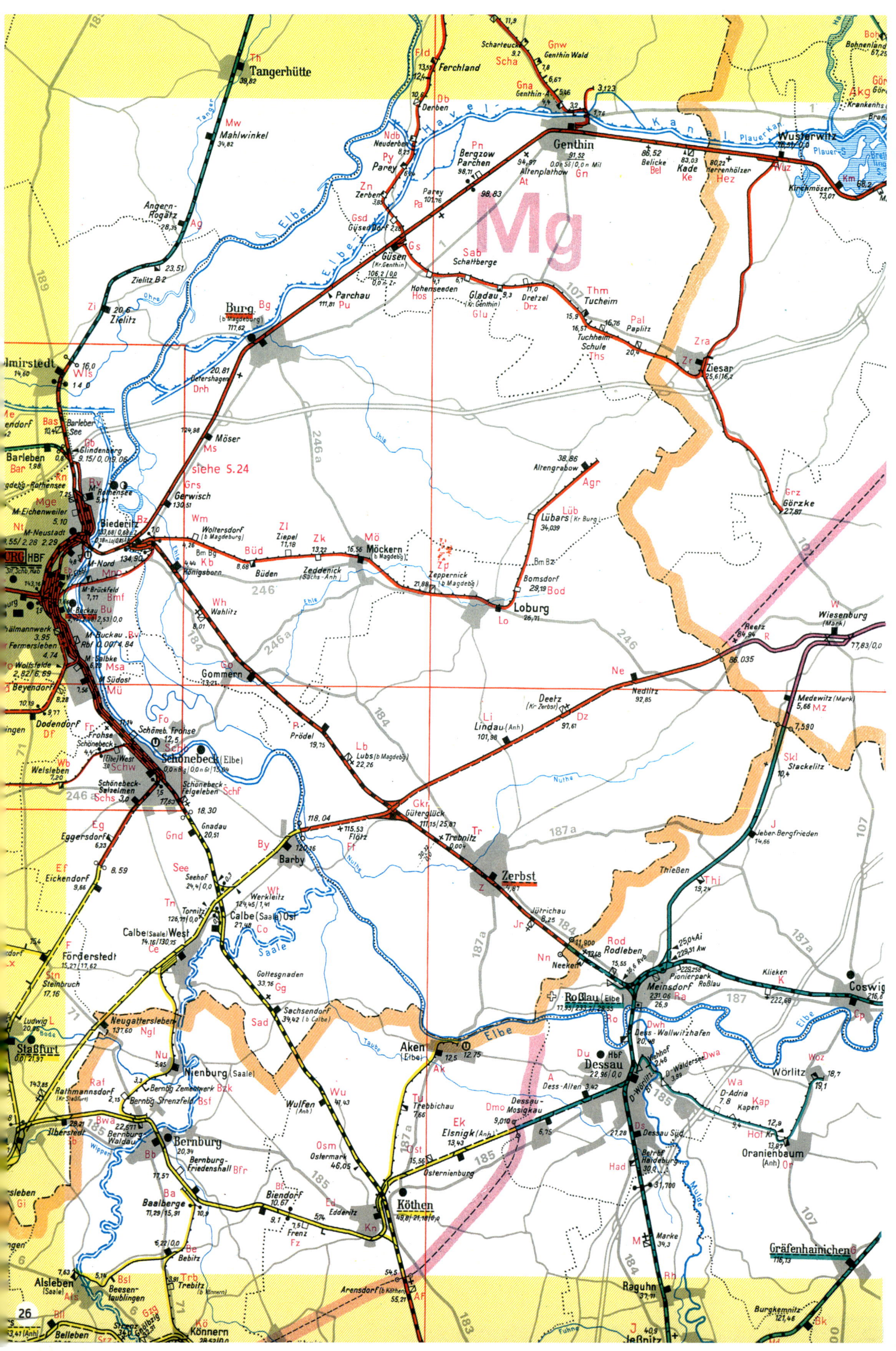

Mg
Tangerhütte
Mahlwinkel
Angern-Rogätz
Zielitz
Wolmirstedt
Barleben
Glindenberg
Rothensee
Biederitz
Gerwisch
Möser
Burg
Parchau
Güsen
Parey
Zerben
Neuderben
Derben
Ferchland
Genthin
Altenplathow
Belicke
Kade
Herrenhölzer
Wusterwitz
Kirchmöser
Bergzow Parchen
Schattberge
Hohenseeden
Gladau
Dretzel
Tucheim
Paplitz
Tucheim Schule
Ziesar
Görzke
Altengrabow
Lübars
Bomsdorf
Loburg
Zeppernick
Möckern
Zeddenick
Büden
Woltersdorf
Ziepel
Königsborn
Wahlitz
Gommern
Prödel
Lubs
Güterglück
Flötz
Trebnitz
Zerbst
Jütrichau
Lindau (Anh)
Deetz
Nedlitz
Reetz
Wiesenburg (Mark)
Medewitz (Mark)
Stackelitz
Jeber-Bergfrieden
Thießen
Rodleben
Neeken
Roßlau (Elbe)
Meinsdorf
Fionierpark Roßlau
Klieken
Coswig
Wörlitz
Dessau
Dessau Süd
Dess-Alten
Dessau-Mosigkau
Elsnigk (Anh)
Oranienbaum
Kapen
Gräfenhainichen
Marke
Raguhn
Jeßnitz
Burgkemnitz
Aken (Elbe)
Trebbichau
Osternienburg
Köthen
Edderitz
Frenz
Biendorf
Ostermark
Wulfen (Anh)
Sachsendorf
Gottesgnaden
Calbe (Saale) Ost
Calbe (Saale) West
Tornitz
Werkleitz
Barby
Gnadau
Seehof
Schönebeck (Elbe)
Schönebeck-Salzelmen
Schönebeck-Felgeleben
Schöneb. Frohse
Frohse
Welsleben
Eggersdorf
Eickendorf
Förderstedt
Staßfurt
Neugattersleben
Nienburg (Saale)
Rathmannsdorf
Ilberstedt
Bernburg-Waldau
Bernburg
Bernburg-Friedenshall
Baalberge
Bebitz
Trebitz
Beesenlaublingen
Alsleben (Saale)
Könnern
Belleben
Arensdorf
Dodendorf
Beyendorf
M-Buckau
M-Südost
M-Salbke
Fermersleben
Wolfsfelde
M-Brückfeld
M-Neustadt
M-Eichenweiler
M-Nord
siehe S.24
Elbe
Havel-Kanal
Saale
Nuthe
Ihle
Ehle
Mulde
Bode
Wipper
Taube

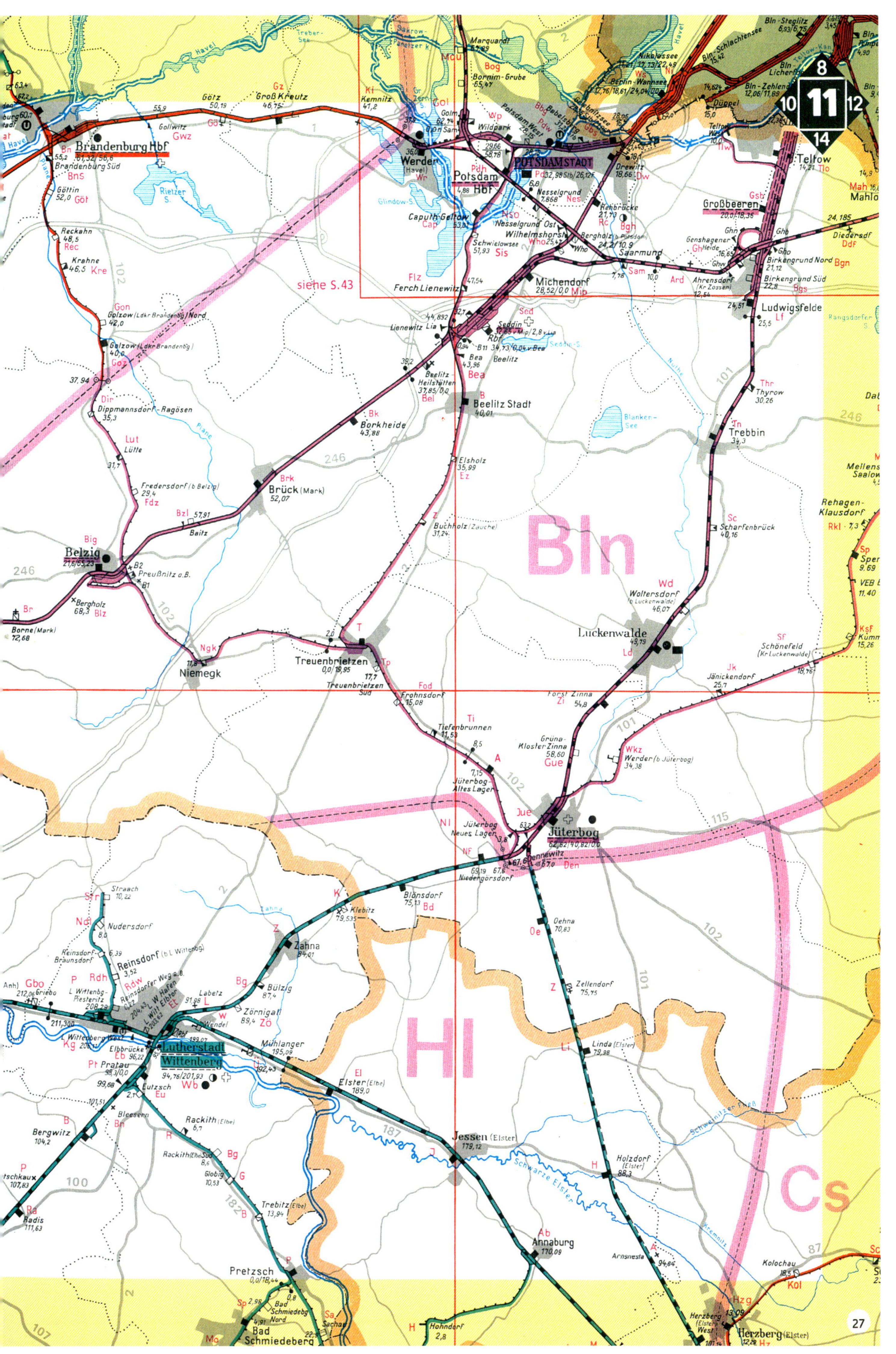

8
10
11
12
14
Brandenburg Hbf
Brandenburg Süd
Götz
Groß Kreutz
Kemnitz
Werder (Havel)
Potsdam Hbf
POTSDAM STADT
Golm
Wildpark
Potsdam West
Babelsberg
Griebnitzsee
Marquardt
Bornim-Grube
Drewitz
Teltow
Großbeeren
Nesselgrund
Rehbrücke
Caputh-Geltow
Schwielowsee
Wilhelmshorst
Bergholz (b Potsdam)
Saarmund
Michendorf
Ferch Lienewitz
siehe S.43
Ahrensdorf
Birkengrund Nord
Birkengrund Süd
Ludwigsfelde
Genshagener Heide
Diedersdf
Mahlow
Bln-Steglitz
Bln-Schlachtensee
Nikolassee
Berlin-Wannsee
Bln-Zehlendorf
Bln-Lichterfelde
Düppel
Teltow West
Göttin
Reckahn
Krahne
Golzow (Ldkr Brandenbg) Nord
Golzow (Ldkr Brandenbg)
Dippmannsdorf-Ragösen
Lütte
Fredersdorf (b Belzig)
Baitz
Belzig
Preußnitz a.B.
Bergholz
Borne (Mark)
Niemegk
Treuenbrietzen
Treuenbrietzen Süd
Brück (Mark)
Borkheide
Beelitz-Heilstätten
Beelitz Stadt
Seddin Rbf
Lienewitz
Elsholz
Buchholz (Zauche)
Thyrow
Trebbin
Scharfenbrück
Woltersdorf (b Luckenwalde)
Luckenwalde
Schönefeld (Kr Luckenwalde)
Jänickendorf
Forst Zinna
Grüna-Kloster Zinna
Werder (b Jüterbog)
Frohnsdorf
Tiefenbrunnen
Jüterbog-Altes Lager
Jüterbog Neues Lager
Jüterbog
Dennewitz
Niedergörsdorf
Rehagen-Klausdorf
Mellensee-Saalow
Bln
Hl
Cs
Blönsdorf
Klebitz
Zahna
Bülzig
Zörnigall
Labetz
Straach
Nudersdorf
Reinsdorf (b L Wittenbg)
Reinsdorf-Braunsdorf
L Wittenbg-Piesteritz
Lutherstadt Wittenberg
L Wittenberg West
Elbbrücke
Pratau
Eutzsch
Bleesern
Mühlanger
Elster (Elbe)
Oehna
Zellendorf
Linda (Elster)
Jessen (Elster)
Holzdorf (Elster)
Bergwitz
Rackith (Elbe)
Rackith (Elbe) Süd
Globig
Trebitz (Elbe)
Radis
Pretzsch
Bad Schmiedeberg
Bad Schmiedebg Nord
Annaburg
Kolochau
Herzberg (Elster)
Herzberg (Elster) West
Hohndorf
Schweinitzer Fließ
Schwarze Elster
Kremnitz
Nuthe
Plane
Havel
Rietzer S.
Glindow-S.
Seddin-S.
Blanken-See
Zahna

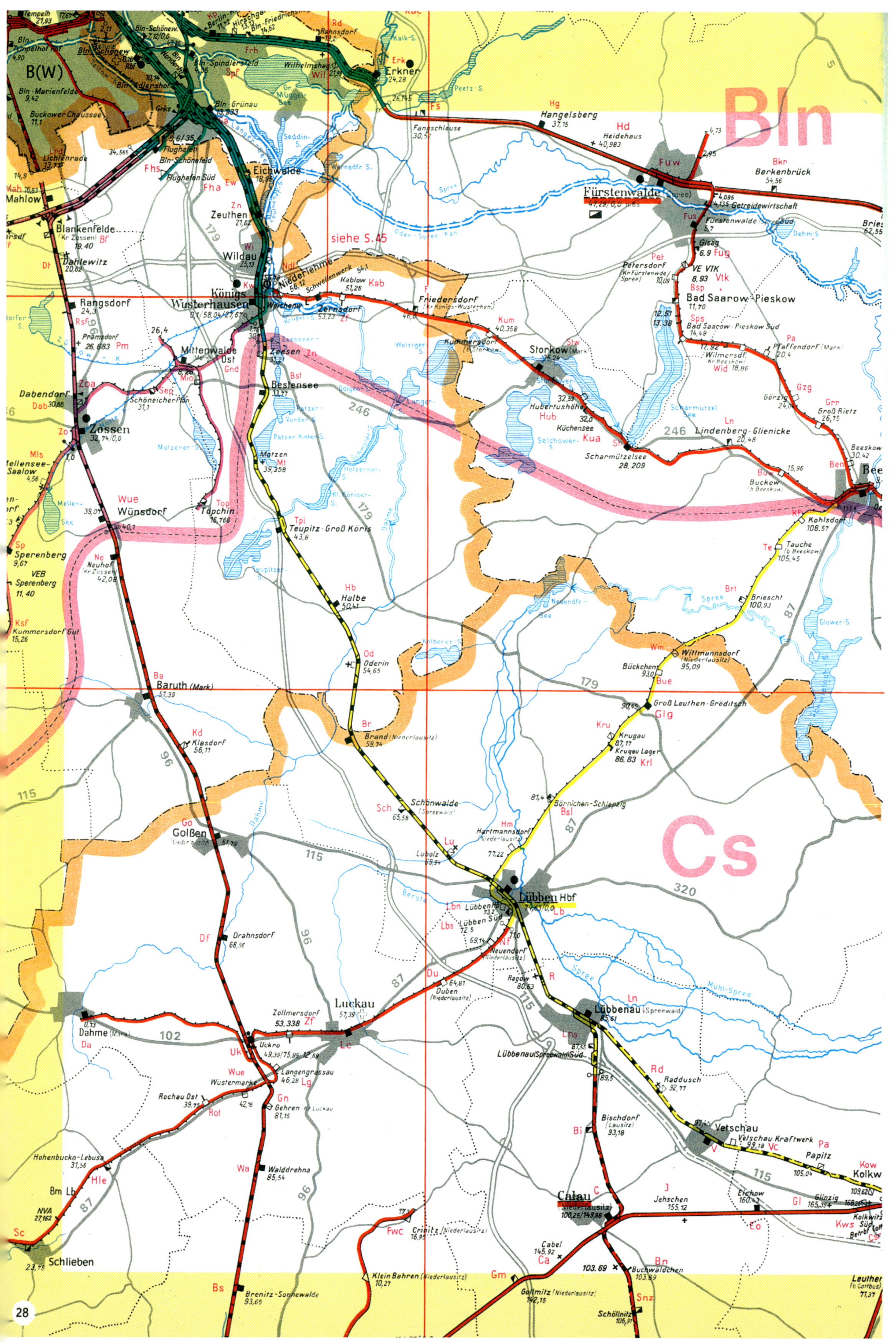

Bln
Cs
B(W)
Erkner
24,28
Hangelsberg
37,15
Heidehaus
Fürstenwalde
Berkenbrück
54,56
Getreidewirtschaft
Fürstenwalde Süd
Mahlow
Blankenfelde
Dahlewitz
Rangsdorf
Eichwalde
Zeuthen
Wildau
Königs Wusterhausen
Niederlehme
Schwellenwerk
Kablow
Friedersdorf
Zernsdorf
Kummersdorf
Storkow
Petersdorf
Bad Saarow-Pieskow
Bad Saarow-Pieskow Süd
Pfaffendorf
Wilmersdorf
Hubertushöhe
Küchensee
Scharmützelsee
28,209
Lindenberg-Glienicke
Groß Rietz
Beeskow
Buckow
Kohlsdorf
Tauche
Briescht
Wittmannsdorf
Bückchen
Groß Leuthen-Gröditsch
Krugau
Krugau Lager
Börnichen-Schlepzig
Hartmannsdorf
Lübben Hbf
Lübben Süd
Neuendorf
Ragow
Lübbenau
Lübbenau (Spreewald) Süd
Raddusch
Bischdorf
Vetschau
Vetschau Kraftwerk
Papitz
Kolkwitz
Calau
Jehschen
Eichow
Glinzig
Cabel
Buchwaldchen
Schöllnitz
Leuthen
Mittenwalde
Mittenwalde Ost
Pramsdorf
Schöneicher Plan
Dabendorf
Zossen
Mellensee-Saalow
Sperenberg
VEB Sperenberg
Kummersdorf Gut
Wünsdorf
Töpchin
Neuhof
Zeesen
Bestensee
Motzen
Teupitz-Groß Köris
Halbe
Oderin
Brand
Baruth (Mark)
Klasdorf
Schönwalde
Lubolz
Golßen
Drahnsdorf
Duben
Luckau
Zollmersdorf
Dahme (Mark)
Uckro
Langengrassau
Wustermarke
Rochau Ost
Gehren
Walddrehna
Hohenbucko-Lebusa
Schlieben
Crinitz
Klein Bahren
Gollmitz
Brenitz-Sonnewalde
siehe S. 45
Spree
Oder-Spree-Kan.

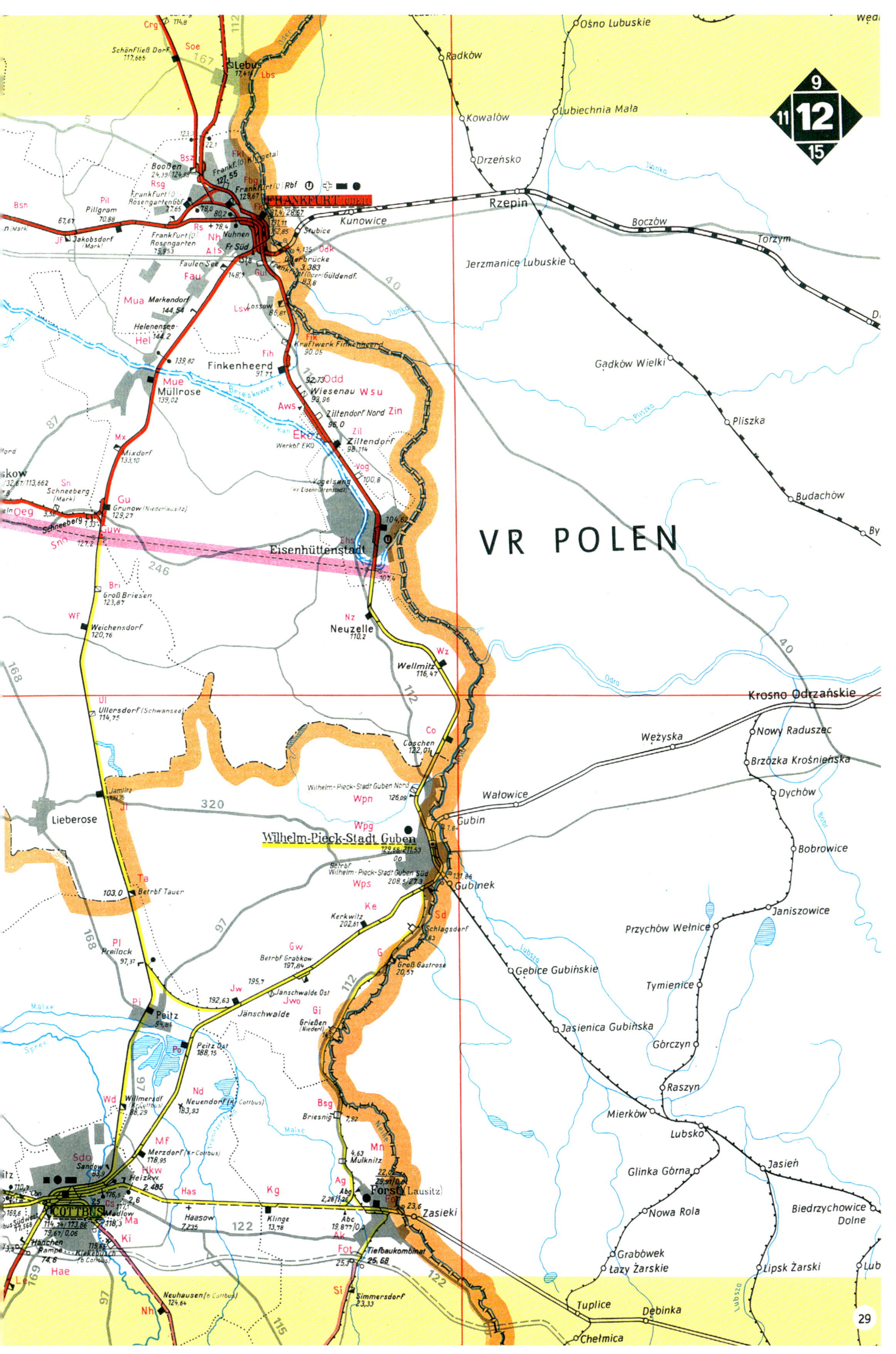

9
11
12
15
FRANKFURT (ODER)
Lebus
Schönfließ Dorf
Booßen
Frankf. (O) Kliestgetal
Frankfurt (O) Rbf
Frankfurt (O) Rosengarten Gbf
Frankfurt (O) Rosengarten
Pillgram
Jakobsdorf (Mark)
Nuhnen
Fr Süd
Fauler See
Oderbrücke
Frankfurt (Oder) Güldendf.
Kunowice
Słubice
Markendorf
Helenensee
Lossow
Kraftwerk Finkenheerd
Finkenheerd
Müllrose
Wiesenau
Ziltendorf Nord
Ziltendorf
Werkbf EKO
Mixdorf
Vogelsang
Schneeberg (Mark)
Grunow (Niederlausitz)
Eisenhüttenstadt
Groß Briesen
Weichensdorf
Neuzelle
Wellmitz
Ullersdorf (Schwansee)
Coschen
Wilhelm-Pieck-Stadt Guben Nord
Wilhelm-Pieck-Stadt Guben
Betrbf Wilhelm-Pieck-Stadt Guben Süd
Lieberose
Jamlitz
Betrbf Tauer
Kerkwitz
Schlagsdorf
Groß Gastrose
Betrbf Grabkow
Preilack
Jänschwalde Ost
Jänschwalde
Grießen (Niederl)
Peitz
Peitz Ost
Willmersdorf (Kr Cottbus)
Neuendorf (Kr Cottbus)
Briesnig
Merzdorf (Kr Cottbus)
Mulknitz
Sandow
Heinersbrück
COTTBUS
Madlow
Haasow
Klinge
Forst (Lausitz)
Tiefbaukombinat
Hänchen
Kiekebusch (b Cottbus)
Neuhausen (b Cottbus)
Simmersdorf
VR POLEN
Ośno Lubuskie
Radków
Kowalów
Lubiechnia Mała
Drzeńsko
Rzepin
Boczów
Torzym
Jerzmanice Lubuskie
Gądków Wielki
Pliszka
Budachów
Krosno Odrzańskie
Nowy Raduszec
Brzózka Krośnieńska
Wężyska
Dychów
Wałowice
Gubin
Bobrowice
Gubinek
Janiszowice
Przychów Wełnice
Gębice Gubińskie
Tymienice
Jasienica Gubińska
Górczyn
Raszyn
Mierków
Lubsko
Jasień
Glinka Górna
Nowa Rola
Biedrzychowice Dolne
Zasieki
Grabówek
Łazy Żarskie
Lipsk Żarski
Tuplice
Dębinka
Chełmica
Oder
Odra
Spree
Malxe
Neiße
Lubsza
Pliszka
Ilanka
Bóbr

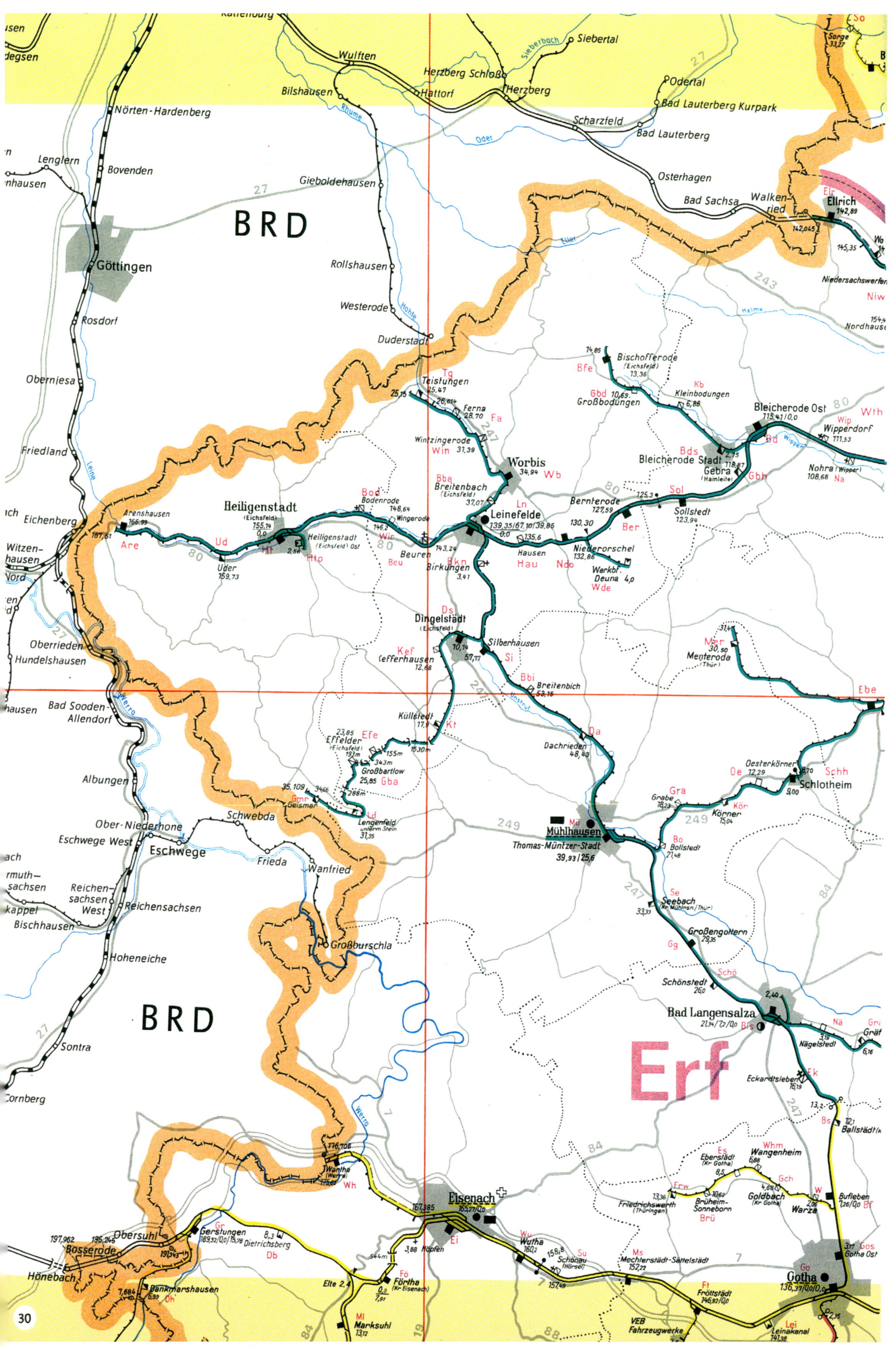
BRD
Göttingen
Nörten-Hardenberg
Bovenden
Lenglern
Rosdorf
Oberniesa
Friedland
Eichenberg
Witzenhausen
Oberrieden
Hundelshausen
Bad Sooden-Allendorf
Albungen
Ober-Niederhone
Eschwege West
Eschwege
Schwebda
Frieda
Wanfried
Reichensachsen West
Reichensachsen
Bischhausen
Hoheneiche
Sontra
Cornberg
Großburschla
Wulften
Bilshausen
Hattorf
Herzberg Schloß
Herzberg
Siebertal
Odertal
Bad Lauterberg Kurpark
Scharzfeld
Bad Lauterberg
Osterhagen
Bad Sachsa
Walkenried
Ellrich
Gieboldehausen
Rollshausen
Westerode
Duderstadt
Teistungen
Ferna
Wintzingerode
Worbis
Breitenbach (Eichsfeld)
Leinefelde
Heiligenstadt (Eichsfeld)
Heiligenstadt (Eichsfeld) Ost
Arenshausen
Uder
Bodenrode
Wingerode
Beuren
Birkungen
Hausen
Niederorschel
Werkbf. Deuna
Bernterode
Sollstedt
Bischofferode (Eichsfeld)
Kleinbodungen
Großbodungen
Bleicherode Ost
Bleicherode Stadt
Gebra (Hainleite)
Wipperdorf
Nohra (Wipper)
Niedersachswerfen
Nordhausen
Dingelstädt (Eichsfeld)
Silberhausen
Kefferhausen
Breitenbich
Küllstedt
Effelder (Eichsfeld)
Großbartlow
Geismar
Lengenfeld unterm Stein
Dachrieden
Mühlhausen Thomas-Müntzer-Stadt
Menteroda (Thür)
Oesterkörner
Schlotheim
Grabe
Körner
Bollstedt
Seebach (Kr Mühlhsn./Thür)
Großengottern
Schönstedt
Bad Langensalza
Nägelstedt
Eckardtsleben
Ballstädt
Erf
Wanfried
Wartha (Werra)
Eisenach
Obersuhl
Bosserode
Hönebach
Gerstungen
Dietrichsberg
Bankmarshausen
Höpfen
Förtha (Kr Eisenach)
Elte
Marksuhl
Wutha
Schönau (Hörsel)
Mechterstädt-Teutleben
Fröttstädt
VEB Fahrzeugwerke
Leinakanal
Gotha
Gotha Ost
Friedrichswerth (Thüringen)
Brüheim-Sonneborn
Eberstädt (Kr Gotha)
Wangenheim
Goldbach (Kr Gotha)
Warza
Bufleben
Werra
Leine
Rhume
Oder
Hahle
Unstrut
Helme
Wipper

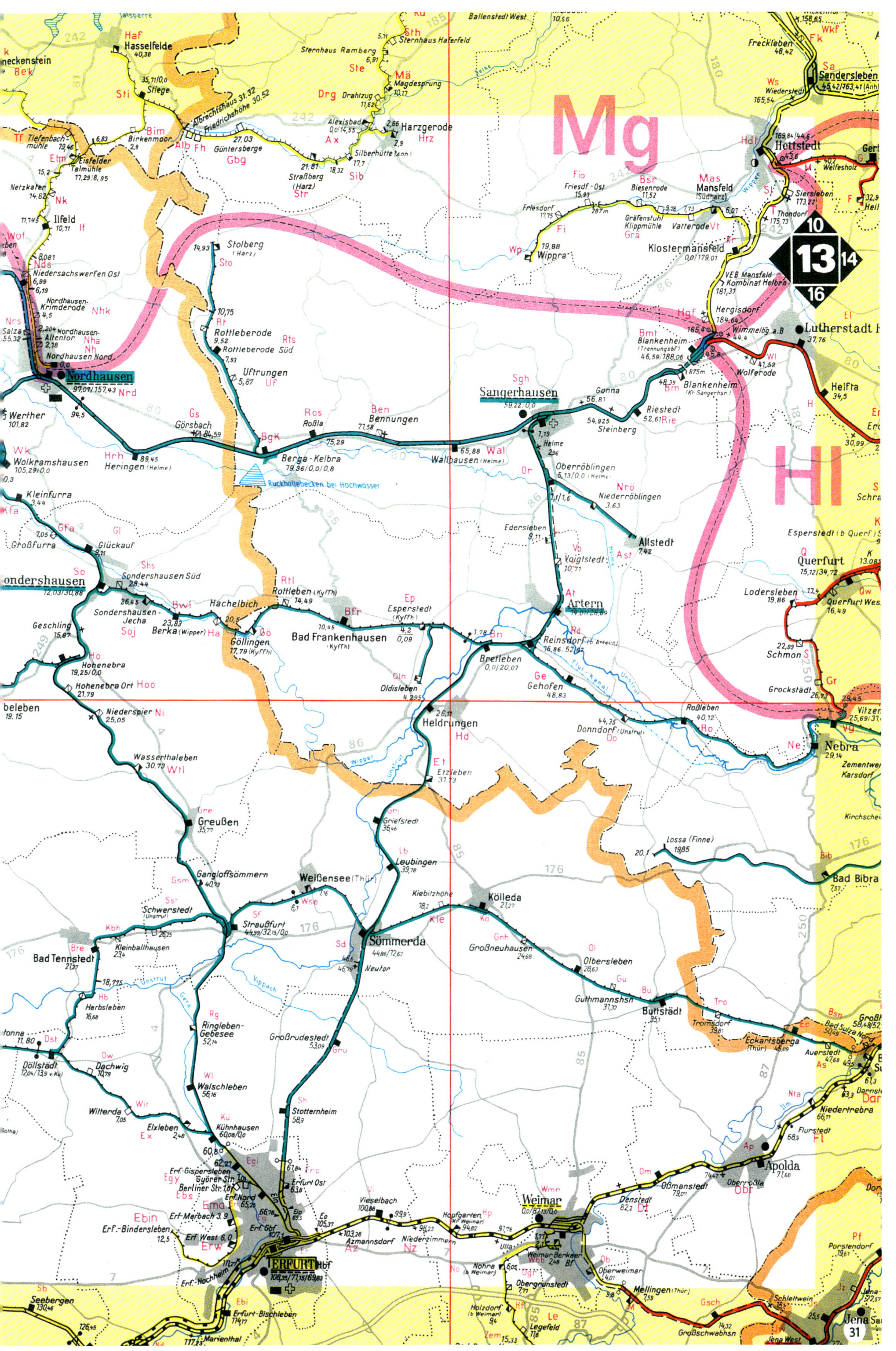

Mg
Hl
13
10
14
16
Hasselfelde
Stiege
Harzgerode
Sternhaus Ramberg
Sternhaus Haferfeld
Magdesprung
Drahtzug
Alexisbad
Silberhütte (Anh)
Straßberg (Harz)
Güntersberge
Birkenmoor
Albrechtshaus
Friedrichshöhe
Tiefenbachmühle
Eisfelder Talmühle
Netzkater
Ilfeld
Niedersachswerfen Ost
Nordhausen-Krimderode
Nordhausen-Altentor
Nordhausen Nord
Nordhausen
Salza
Werther
Wolkramshausen
Heringen (Helme)
Görsbach
Stolberg (Harz)
Rottleberode
Rottleberode Süd
Uftrungen
Roßla
Bennungen
Berga-Kelbra
Rückhaltebecken bei Hochwasser
Wallhausen (Helme)
Sangerhausen
Gonna
Riestedt
Steinberg
Blankenheim (Trennungsbf)
Blankenheim (Kr. Sangerhsn)
Wolferode
Wimmelbg a.B
Lutherstadt
Helfta
Hergisdorf
VEB Mansfeld Kombinat Helbra
Klostermansfeld
Vatterode
Gräfenstuhl Klippmühle
Mansfeld (Südharz)
Biesenrode
Friesdf.-Ost
Friesdorf
Wippra
Hettstedt
Siersleben
Thondorf
Sandersleben
Wiederstedt
Freckleben
Ballenstedt West
Helme
Oberröblingen
Niederröblingen
Allstedt
Edersleben
Voigtstedt
Artern
Reinsdorf (b Artern)
Bretleben
Gehofen
Roßleben
Donndorf (Unstrut)
Nebra
Zementwerk Karsdorf
Querfurt
Querfurt West
Lodersleben
Schmon
Grockstädt
Vitzen
Esperstedt (b Querf)
Kleinfurra
Großfurra
Glückauf
Sondershausen
Sondershausen Süd
Sondershausen-Jecha
Berka (Wipper)
Hachelbich
Göllingen
Rottleben (Kyffh)
Bad Frankenhausen (Kyffh)
Esperstedt (Kyffh)
Oldisleben
Heldrungen
Etzleben
Geschling
Hohenebra
Hohenebra Ort
Niederspier
Wasserthaleben
Greußen
Griefstedt
Leubingen
Lossa (Finne)
Bad Bibra
Gangloffsömmern
Weißensee (Thür)
Kölleda
Kiebitzhöhe
Schwerstedt (Unstrut)
Straußfurt
Sömmerda
Neutor
Großneuhausen
Olbersleben
Guthmannshsn
Buttstädt
Tromsdorf
Eckartsberga (Thür)
Bad Sulza Nord
Auerstedt
Bad Tennstedt
Kleinballhausen
Herbsleben
Döllstädt
Dachwig
Witterda
Elxleben
Ringleben-Gebesee
Walschleben
Kühnhausen
Großrudestedt
Stotternheim
Niedertrebra
Flurstedt
Apolda
Oberroßla
Oßmannstedt
Denstedt
Weimar
Erf.-Gispersleben
Györer Str.
Berliner Str.
Erf.-Nord
Erf.-Marbach
Erf.-Bindersleben
Erf. West
Erf. Gbf
Erfurt Ost
Vieselbach
Azmannsdorf
Niederzimmern
Hopfgarten (Kr Weimar)
Ulla
Nohra (b Weimar)
Weimar Berkaer Bf
Oberweimar
Obergrunstedt
Mellingen (Thür)
Porstendorf
ERFURT Hbf
Erf.-Hochheim
Erfurt-Bischleben
Marienthal
Seebergen
Holzdorf (b Weimar)
Legefeld
Schlettwein
Großschwabhsn
Jena West
Jena
Unstrut
Wipper
Helme
Flut-Kanal
Gera
Vippach
Ilm

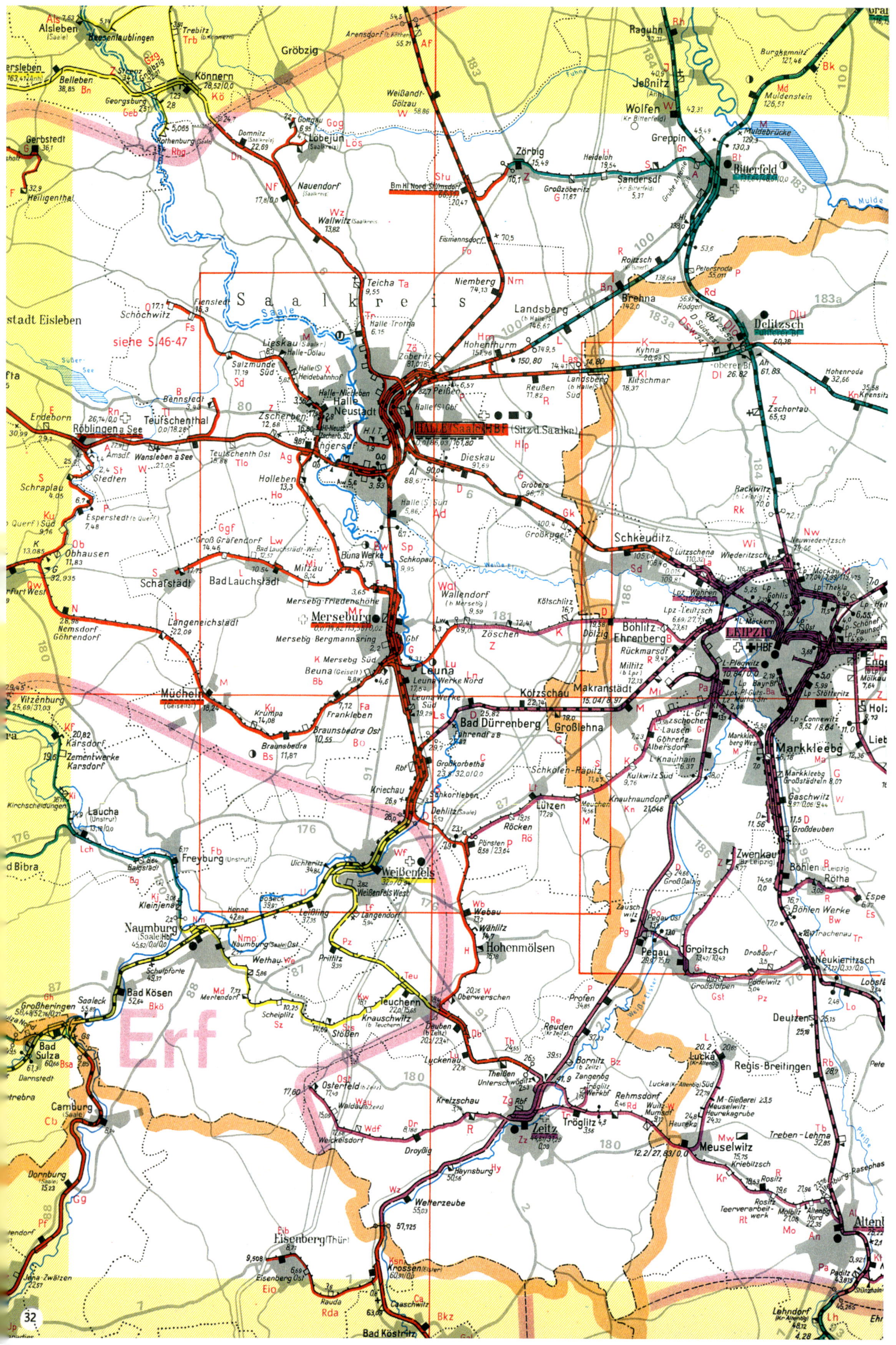

Alsleben (Saale)
Beesenlaublingen
Trebitz
Könnern
Gröbzig
Belleben
Georgsburg
Gerbstedt
Heiligenthal
Rothenburg
Domnitz
Gottgau
Löbejün (Saalkreis)
Nauendorf
Wallwitz
Weißandt-Gölzau
Zörbig
Heideloh
Sandersdorf
Bitterfeld
Raguhn
Jeßnitz (Anh)
Wolfen (Kr Bitterfeld)
Greppin
Burgkemnitz
Muldenstein
Muldebrücke
Mulde
Großzöberitz
Niemberg
Eismannsdorf
Roitzsch
Brehna
Petersroda
Delitzsch
Landsberg
Hohenthurm
Reußen
Kyhna
Klitschmar
Zschortau
Hohenroda
Krensitz
Saalkreis
Saale
Teicha
Halle-Trotha
Zöberitz
Peißen
Schochwitz
Fienstedt
Lieskau
Salzmünde Süd
Halle-Dölau
Heidebahnhof
Halle-Nietleben
Halle Neustadt
Halle (Saale) Gbf
HALLE (Saale) HBF
(Sitz d. Saalkr.)
Dieskau
Gröbers
Großkugel
Schkeuditz
Lutzschena
Wiederitzsch
Rackwitz
Neuwiederitzsch
stadt Eisleben
siehe S. 46-47
Bennstedt
Teutschenthal
Zscherben
Röblingen a See
Amsdorf
Wansleben a See
Teutschenthal Ost
Angersdorf
Holleben
Stedten
Schraplau
Esperstedt
Obhausen
Groß Gräfendorf
Bad Lauchstädt West
Milzau
Schafstädt
Bad Lauchstädt
Buna Werke
Schkopau
Halle (S) Süd
Wallendorf
Merseburg
Mersebg Friedensthöhe
Mersebg Bergmannsring
Mersebg Süd
Beuna (Geiseltal)
Leuna
Leuna Werke Nord
Leuna Werke Süd
Kötzschau
Zöschen
Kötschlitz
Dölzig
Böhlitz-Ehrenberg
Rückmarsdf
Miltitz
Lpz Wahren
Lpz Leutzsch
L-Möckern
LEIPZIG
HBF
L-Plagwitz
Lp-Stötteritz
Makranstädt
Langeneichstädt
Nemsdorf Göhrendorf
Mücheln (Geiseltal)
Krumpa
Frankleben
Braunsbedra Ost
Braunsbedra
Bad Dürrenberg
Großlehna
Großkorbetha
Schkölen-Räpitz
Knautnaundorf
Markkleeberg
Gaschwitz
Großdeuben
Vitzenburg
Kärsdorf
Zementwerke Karsdorf
Lauche (Unstrut)
Freyburg (Unstrut)
Balgstädt
Kleinjena
Naumburg (Saale) Hbf
Naumburg (Saale) Ost
Schulpforte
Bad Kösen
Großheringen
Saaleck
Bad Sulza
Darnstedt
Camburg (Saale)
Dornburg (Saale)
Jena-Zwätzen
Uichteritz
Weißenfels
Weißenfels West
Kriechau
Dehlitz (Saale)
Schkortleben
Röcken
Lützen
Pörsten
Leißling
Langendorf
Prittitz
Wethau
Mertendorf
Scheiplitz
Stößen
Krauschwitz (b Teuchern)
Teuchern
Webau
Wählitz
Hohenmölsen
Oberwerschen
Deuben (b Zeitz)
Luckenau
Theißen
Profen
Reuden
Zwenkau
Groß Dalzig
Böhlen
Rötha
Böhlen Werke
Trachenau
Pegau
Pegau Ost
Groitzsch
Droßdorf
Neukieritzsch
Deutzen
Regis-Breitingen
Lucka
Meuselwitz
Kriebitzsch
Rositz
Treben-Lehma
Zeitz
Tröglitz
Rehmsdorf
Bornitz
Zangenberg
Osterfeld
Waldau
Weickelsdorf
Kretzschau
Droyßig
Haynsburg
Wetterzeube
Eisenberg (Thür)
Eisenberg Ost
Krossen (Elster)
Caaschwitz
Bad Köstritz
Rauda
Altenburg
Paditz
Lehndorf
Erf

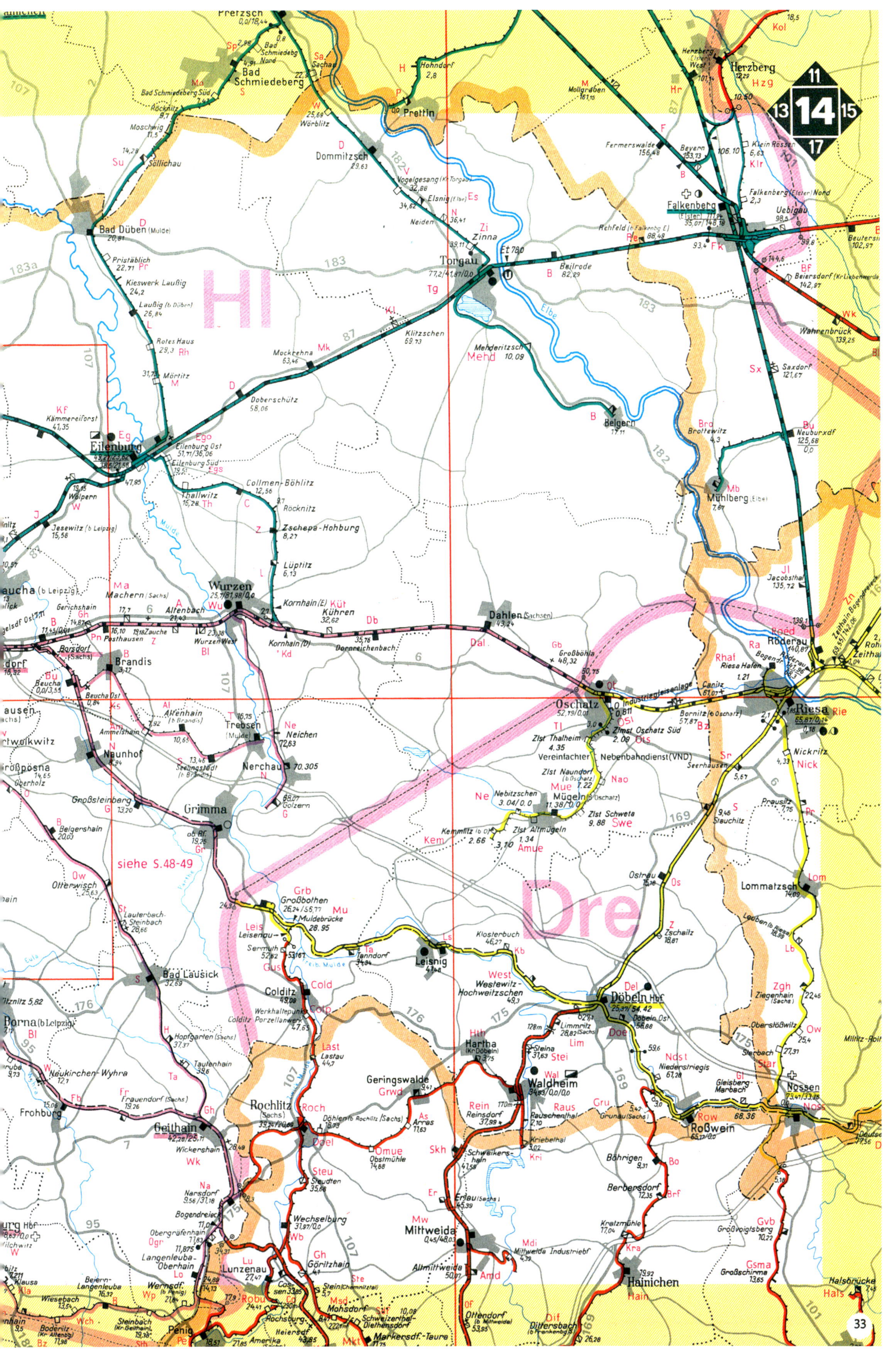

11
13
14
15
17
Pretzsch
Bad Schmiedeberg
Bad Schmiedeberg Süd
Prettin
Herzberg
Falkenberg
Uebigau
Dommitzsch
Vogelgesang (Kr Torgau)
Elsnig (Elbe)
Bad Düben (Mulde)
Torgau
Beilrode
Zinna
Klitzschen
Mockrehna
Mehderitzsch
Belgern
Brottewitz
Mühlberg (Elbe)
Eilenburg
Eilenburg Ost
Eilenburg Süd
Kämmereiforst
Doberschütz
Collmen-Böhlitz
Rocknitz
Zschepa-Hohburg
Lüptitz
Thallwitz
Wölpern
Jesewitz (b Leipzig)
Wurzen
Machern (Sachs)
Altenbach
Kornhain (E)
Kühren
Dahlen (Sachsen)
Großböhla
Oschatz
Riesa
Röderau
Riesa Hafen
Canitz
Bornitz (b Oschatz)
Zeithain
Jacobsthal
Wahrenbrück
Saxdorf
Neuburxdorf
Beiersdorf
Brandis
Beucha
Trebsen (Mulde)
Neichen
Nerchau
Naunhof
Seelingstädt
Großsteinberg
Grimma
Golzern
Belgershain
Otterwisch
Lauterbach-Steinbach
Bad Lausick
Großbothen
Muldebrücke
Leisenau
Sermuth
Tanndorf
Leisnig
Klosterbuch
Westewitz-Hochweitzschen
Döbeln Hbf
Döbeln Ost
Colditz
Colditz Porzellanwerk
Mügeln (b Oschatz)
Nebitzschen
Kemmlitz
Zlst Oschatz Süd
Zlst Thalheim
Zlst Naundorf
Zlst Schweta
Zlst Altmügeln
Vereinfachter Nebenbahndienst (VND)
Nickritz
Seerhausen
Stauchitz
Prausitz
Ostrau
Zschaitz
Lommatzsch
Leuben (b Riesa)
Ziegenhain (Sachs)
Oberstößwitz
Nossen
Rosswein
Niederstriegis
Gleisberg-Marbach
Limmritz
Hartha
Steina
Waldheim
Rauschenthal
Grunau (Sachs)
Lastau
Geringswalde
Rochlitz
Döhlen
Arras
Obstmühle
Reinsdorf
Kriebethal
Schweikershain
Böhrigen
Berbersdorf
Borna (b Leipzig)
Hopfgarten (Sachs)
Taufenhain
Neukirchen-Wyhra
Frauendorf (Sachs)
Frohburg
Geithain
Wickershain
Narsdorf
Bogendreieck
Obergräfenhain
Langenleuba-Oberhain
Lunzenau
Stöcken
Wechselburg
Göritzhain
Erlau (Sachs)
Mittweida
Mittweida Industriebf
Altmittweida
Kratzmühle
Hainichen
Großvoigtsberg
Großschirma
Halsbrücke
Penig
Cossen
Mohsdorf
Ottendorf
Dittersbach
Markersdf.-Taura
Wiesebach
Beiern-Langenleuba
Wernsdf.
Klausa
Boderitz
Steinbach
Elbe
Mulde
siehe S. 48-49
Hl
Dre

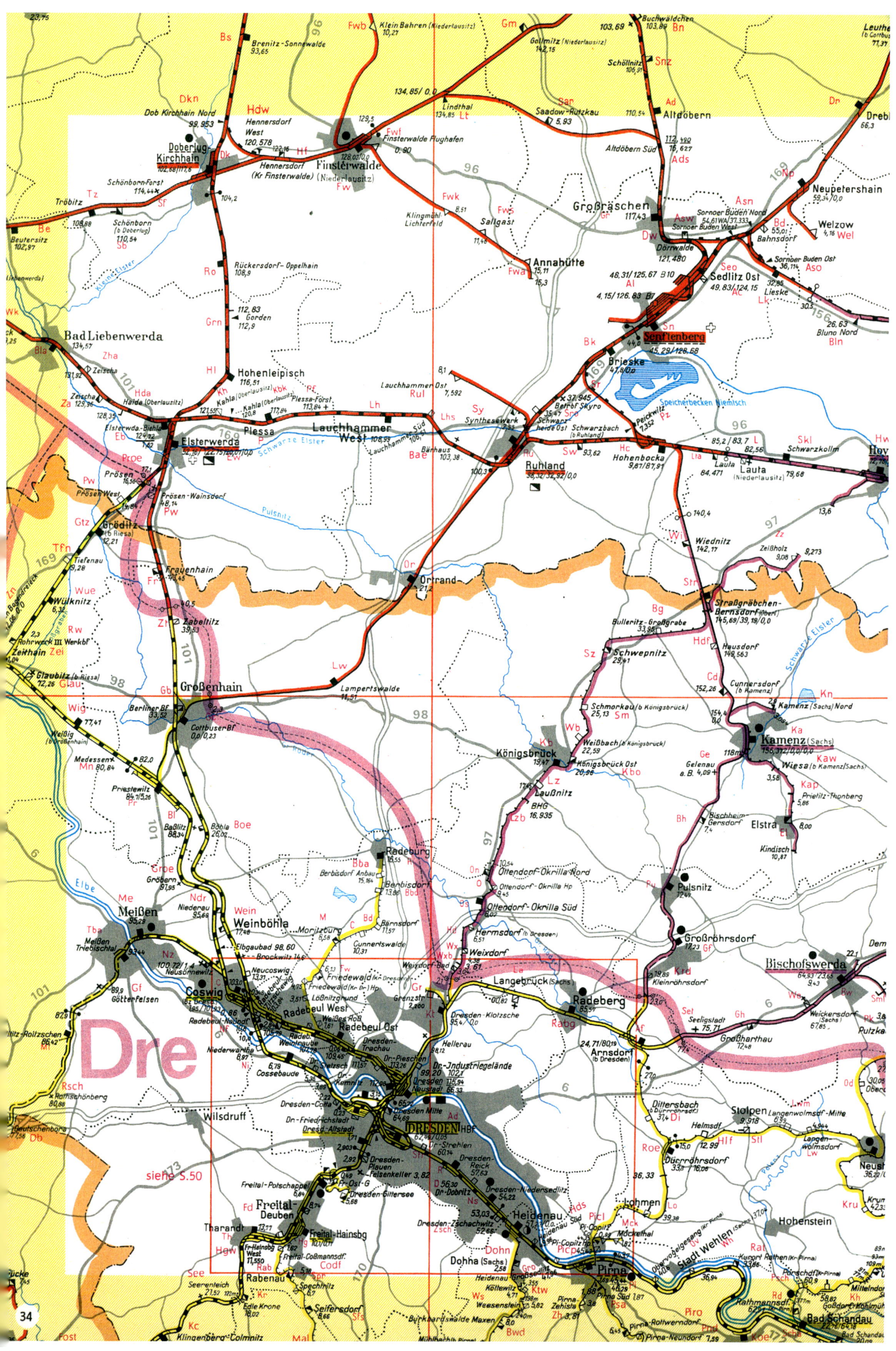
Brenitz-Sonnewalde
Klein Bahren (Niederlausitz)
Gollmitz (Niederlausitz)
Buchwäldchen
Schöllnitz
Altdöbern
Altdöbern Süd
Dob Kirchhain Nord
Doberlug-Kirchhain
Hennersdorf West
Hennersdorf (Kr Finsterwalde)
Finsterwalde (Niederlausitz)
Finsterwalde Flughafen
Lindthal
Saadow-Rutzkau
Schönborn-Forst
Tröbitz
Schönborn (b Doberlug)
Beutersitz
Klingmühl-Lichterfeld
Sallgast
Annahütte
Großräschen
Sornoer Buden Nord
Sornoer Buden West
Dörrwalde
Neupetershain
Welzow
Bahnsdorf
Sornoer Buden Ost
Sedlitz Ost
Lieske
Senftenberg
Bluno Nord
Rückersdorf-Oppelhain
Gorden
Bad Liebenwerda
Zeischa
Haida (Oberlausitz)
Hohenleipisch
Kahla (Oberlausitz)
Plessa-Forst
Lauchhammer Ost
Brieske
Speicherbecken Niemtsch
Elsterwerda-Biehla
Elsterwerda
Plessa
Lauchhammer West
Lauchhammer Süd
Bärhaus
Synthesewerk
Schwarzheide Ost
Schwarzbach (b Ruhland)
Peickwitz
Ruhland
Hohenbocka
Lauta
Lauta (Niederlausitz)
Schwarzkollm
Schwarze Elster
Prösen
Prösen West
Prösen-Wainsdorf
Pulsnitz
Gröditz (b Riesa)
Tiefenau
Frauenhain
Wülknitz
Zabeltitz
Ortrand
Wiednitz
Zeißholz
Straßgräbchen-Bernsdorf (Oberl)
Bulleritz-Großgrabe
Hausdorf
Schwepnitz
Zeithain
Glaubitz (b Riesa)
Großenhain
Berliner Bf
Cottbuser Bf
Lampertswalde
Cunnersdorf (b Kamenz)
Kamenz (Sachs) Nord
Kamenz (Sachs)
Schmorkau (b Königsbrück)
Weißig (b Großenhain)
Medessen
Priestewitz
Weißbach (b Königsbrück)
Königsbrück
Königsbrück Ost
Gelenau a. B.
Wiesa (b Kamenz(Sachs))
Laußnitz
Prietitz-Thonberg
Bischheim-Gersdorf
Elstra
Kindisch
Baßlitz
Böhla
Radeburg
Berbisdorf Anbau
Berbisdorf
Ottendorf-Okrilla Nord
Ottendorf-Okrilla Hp
Ottendorf-Okrilla Süd
Pulsnitz
Gröbern
Elbe
Meißen
Niederau
Weinböhla
Moritzburg
Bärnsdorf
Cunnertswalde
Hermsdorf (b Dresden)
Weixdorf
Weixdorf Bad
Großröhrsdorf
Kleinröhrsdorf
Bischofswerda
Meißen Triebischtal
Elbgaubad
Brockwitz
Neusörnewitz
Neucoswig
Friedewald
Friedewald (Kr Dr) Hp
Lößnitzgrund
Langebrück (Sachs)
Radeberg
Seeligstadt
Großharthau
Weickersdorf (Sachs)
Götterfelsen
Coswig (Bz Dresden)
Radebeul West
Radebeul Ost
Radebeul-Naundorf
Weißes Roß
Radeb. Weintraube
Dresden-Trachau
Dresden-Klotzsche
Hellerau
Arnsdorf (b Dresden)
Niederwartha
Cossebaude
Dr-Pieschen
Dr-Industriegelände
Dresden Neustadt
Dresden Mitte
Dresden-Cotta
Dr-Friedrichstadt
Dresd.-Altstadt
DRESDEN HBF
Dr-Strehlen
Dresden-Reick
Dresden-Plauen
Felsenkeller
Dr-Dobritz
Dresden-Niedersedlitz
Heidenau
Heidenau Süd
Dresden-Zschachwitz
Wilsdruff
Rothschönberg
Deutschenbora
Dittersbach b Dürrröhrsdorf
Stolpen
Langenwolmsdorf-Mitte
Helmsdorf
Langenwolmsdorf
Dürrröhrsdorf
Lohmen
Neustadt
Hohenstein
Freital-Potschappel
Freital-Deuben
Fr-Ost-G
Dresden-Gittersee
Freital-Hainsberg
Tharandt
Fr-Hainsbg West
Freital-Coßmannsdf.
Rabenau
Seerenteich
Edle Krone
Spechtritz
Seifersdorf
Klingenberg-Colmnitz
Dohna (Sachs)
Heidenau Großsedlitz
Köttewitz
Weesenstein
Burkhardswalde Maxen
Pirna
Pirna Süd
Pirna-Zehista
Pirna-Rottwerndorf
Pirna-Neundorf
Mockethal
Obervogelgesang
Stadt Wehlen
Kurort Rathen
Rathmannsdf.
Porschdorf
Bad Schandau
Mittelndorf
Dre
siehe S.50

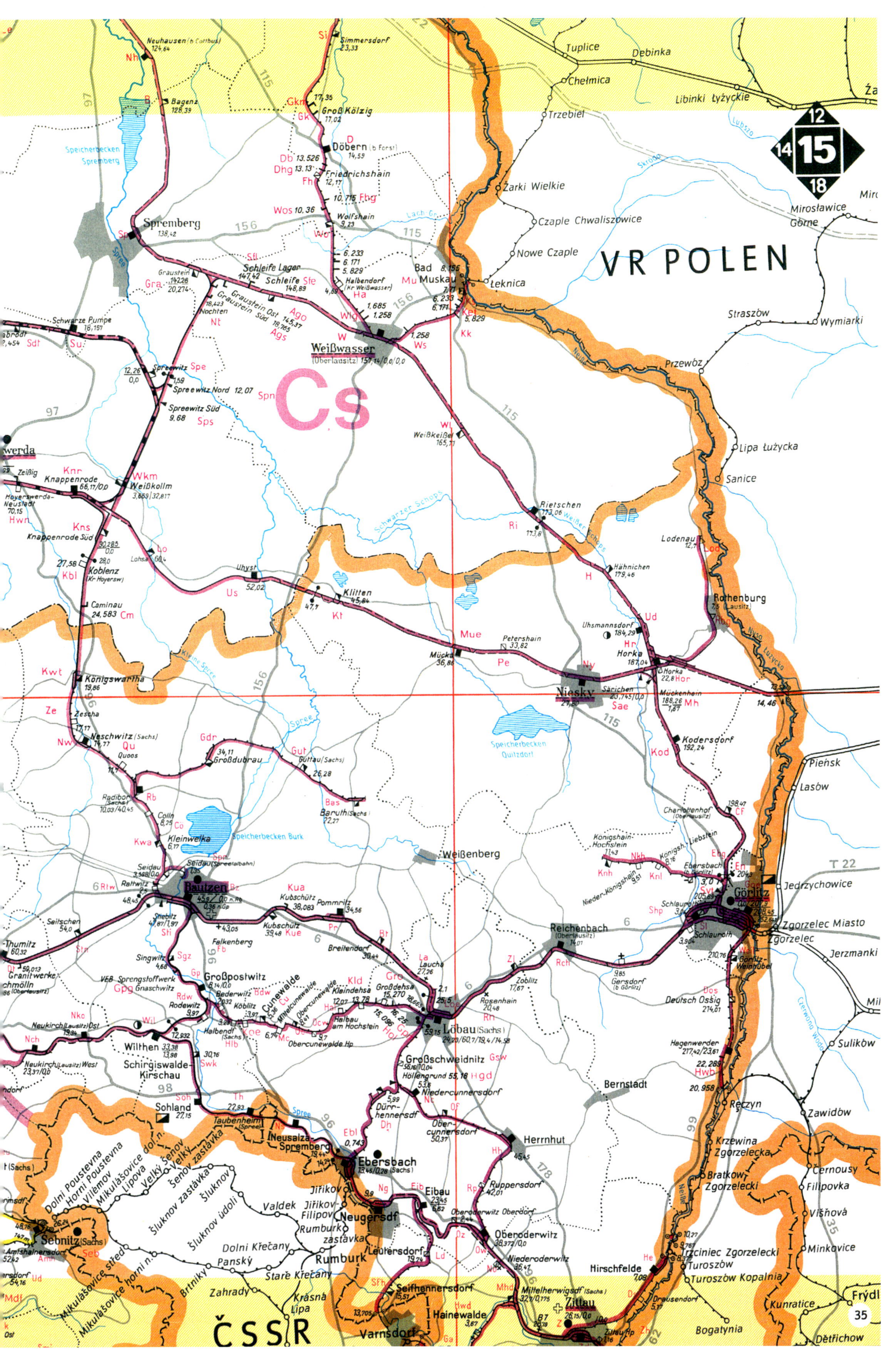
15
12
14
18
VR POLEN
ČSSR
Cs
Neuhausen (b Cottbus)
Simmersdorf
Tuplice
Dębinka
Chełmica
Libinki
Łużyckie
Trzebiel
Bagenz
Groß Kölzig
Döbern (b Forst)
Friedrichshain
Speicherbecken Spremberg
Żarki Wielkie
Czaple Chwaliszowice
Nowe Czaple
Mirosławice Górne
Spremberg
Wolfshain
Bad Muskau
Łeknica
Graustein
Schleife Lager
Schleife
Halbendorf (Kr Weißwasser)
Graustein Ost
Graustein Süd
Nochten
Schwarze Pumpe
Weißwasser (Oberlausitz)
Straszów
Wymiarki
Przewóz
Spreewitz
Spreewitz Nord
Spreewitz Süd
Weißkeißel
Lipa Łużycka
Sanice
Zeißig
Knappenrode
Weißkollm
Hoyerswerda-Neustadt
Rietschen
Knappenrode Süd
Lohsa
Koblenz (Kr Hoyersw)
Uhyst
Klitten
Lodenau
Hähnichen
Rothenburg (Lausitz)
Caminau
Uhsmannsdorf
Horka
Mücka
Petershain
Königswartha
Niesky
Särichen
Mückenhain
Zescha
Neschwitz (Sachs)
Speicherbecken Quitzdorf
Kodersdorf
Quoos
Großdubrau
Guttau (Sachs)
Pieńsk
Lasów
Radibor (Sachs)
Baruth (Sachs)
Charlottenhof (Oberlausitz)
Colln
Speicherbecken Burk
Kleinwelka
Königshain-Hochstein
Weißenberg
Seidau
Bautzen
Ebersbach (b Görlitz)
Jędrzychowice
Nieder-Königshain
Görlitz
Rattwitz
Kubschütz
Pommritz
Reichenbach (Oberlausitz)
Schlauroth
Zgorzelec Miasto
Seitschen
Zgorzelec
Falkenberg
Breitendorf
Jerzmanki
Singwitz
Lauba
Gersdorf (b Görlitz)
Großpostwitz
Großdehsa
Zoblitz
VEB Sprengstoffwerk Gnaschwitz
Kleindehsa
Bederwitz
Cunewalde
Obercunewalde
Rosenhain
Deutsch Ossig
Rodewitz
Köblitz
Neukirch (Lausitz) Ost
Halbau am Hochstein
Löbau (Sachs)
Halbendorf (Sachs)
Obercunewalde Hp
Wilthen
Hagenwerder
Sulików
Neukirch (Lausitz) West
Schirgiswalde-Kirschau
Großschweidnitz
Höllengrund
Niedercunnersdorf
Bernstadt
Reczyn
Zawidów
Dürrhennersdorf
Obercunnersdorf
Sohland
Taubenheim (Spree)
Neusalza-Spremberg
Herrnhut
Krzewina Zgorzelecka
Ebersbach (Sachs)
Bratków Zgorzelecki
Černousy
Filipovka
Dolni Poustevna
Horni Poustevna
Vilémov
Mikulášovice dol. n.
Lipová
Velký Šenov
Šenov zastávka
Šluknov zastávka
Šluknov
Šluknov údolí
Valdek
Jiříkov
Jiříkov-Filipov
Eibau
Ruppersdorf
Neugersdorf
Oberoderwitz Oberdorf
Višňová
Rumburk zastávka
Oberoderwitz
Sebnitz (Sachs)
Amtshainersdorf
Dolni Křečany
Panský
Rumburk
Leutersdorf
Niederoderwitz
Hirschfelde
Trzciniec Zgorzelecki
Turoszów
Minkovice
Mikulášovice střed
Mikulášovice horní n.
Brtníky
Staré Křečany
Turoszów Kopalnia
Zahrady
Krásná Lípa
Seifhennersdorf
Mittelherwigsdorf (Sachs)
Zittau
Drausendorf
Kunratice
Frýdl
Hainewalde
Varnsdorf
Zittau Hp
Bogatynia
Dětřichow
Spree
Neiße
Nysa Łużycka
Weißer Schöps
Schwarzer Schöps
Kleine Spree
Skroda
Lubsza
Czerwona Woda

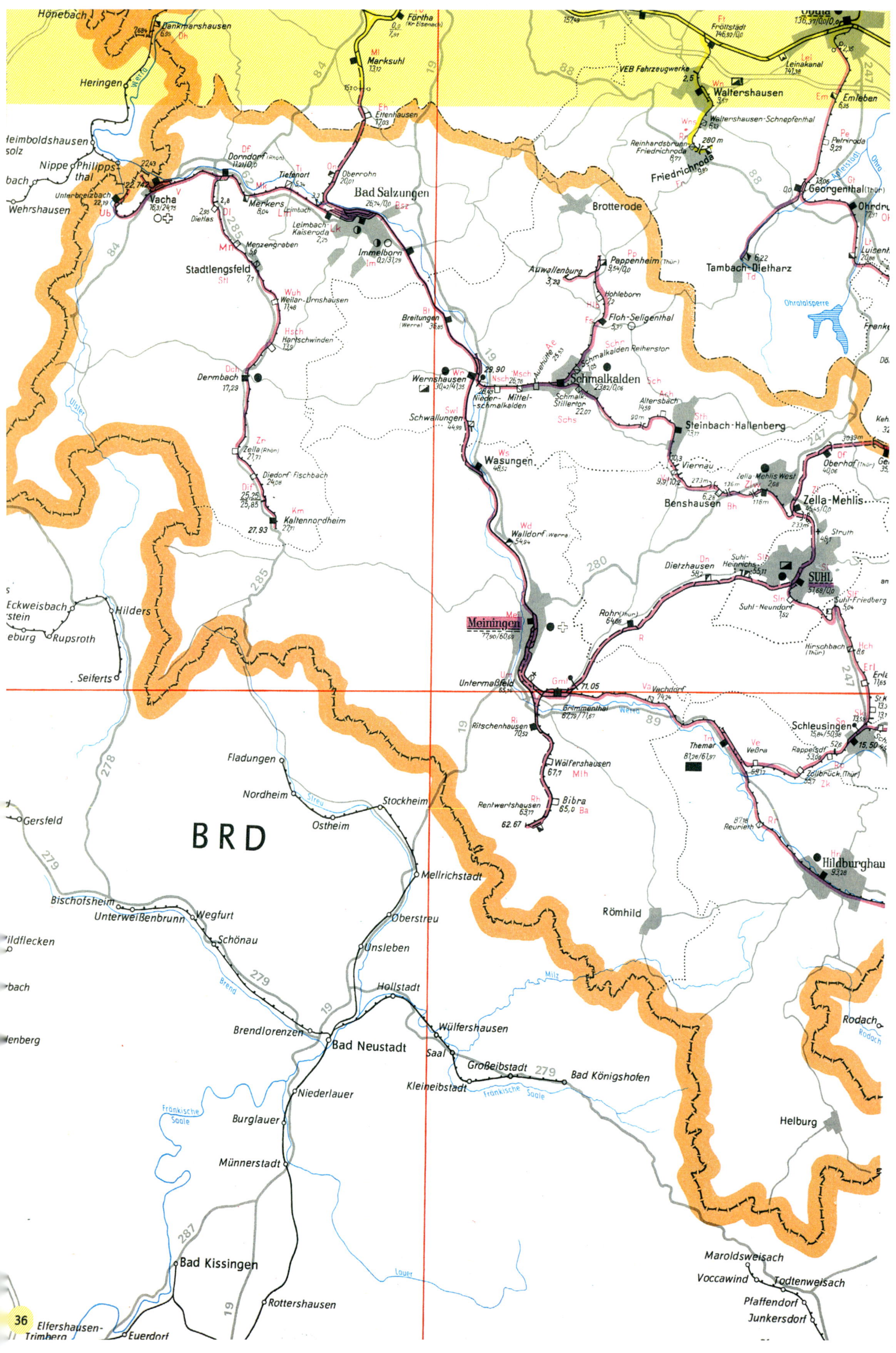

Hönebach
Dankmarshausen
Heringen
Förtha
Marksuhl
Fröttstädt
Gotha
VEB Fahrzeugwerke
Waltershausen
Leinakanal
Emleben
Waltershausen-Schnepfenthal
Petriroda
Reinhardsbrunn-Friedrichroda
Friedrichroda
Georgenthal (Thür)
Ohrdruf
Heimboldshausen
Nippe
Philippsthal
Wehrshausen
Unterbreizbach
Vacha
Dorndorf (Rhön)
Tiefenort
Oberrohn
Ettenhausen
Bad Salzungen
Merkers
Dietlas
Leimbach-Kaiseroda
Immelborn
Menzengraben
Stadtlengsfeld
Brotterode
Pappenheim (Thür)
Auwallenburg
Tambach-Dietharz
Luisenthal
Ohratalsperre
Hohleborn
Weilar-Urnshausen
Breitungen (Werra)
Floh-Seligenthal
Schmalkalden Reiherstor
Hartschwinden
Dermbach
Wernshausen
Nieder-schmalkalden
Mittel-schmalkalden
Auehütte
Schmalkalden
Schmalk. Stillertor
Altersbach
Schwallungen
Steinbach-Hallenberg
Wasungen
Viernau
Oberhof (Thür)
Zella (Rhön)
Diedorf-Fischbach
Zella-Mehlis West
Benshausen
Zella-Mehlis
Kaltennordheim
Walldorf (Werra)
Struth
Dietzhausen
Suhl-Heinrichs
SUHL
Suhl-Neundorf
Suhl-Friedberg
Eckweisbach
Hilders
Rupsroth
Seiferts
Meiningen
Rohr (Thür)
Hirschbach (Thür)
Untermaßfeld
Vachdorf
Grimmenthal
Werra
Ritschenhausen
Themar
Schleusingen
Veßra
Rappelsdorf
Zollbrück (Thür)
Wölfershausen
Rentwertshausen
Bibra
Reurieth
Hildburghausen
Fladungen
Nordheim
Streu
Stockheim
Ostheim
Gersfeld
BRD
Mellrichstadt
Römhild
Bischofsheim
Unterweißenbrunn
Wegfurt
Oberstreu
Schönau
Unsleben
Wildflecken
Milz
Rodach
Hollstadt
Brend
Brendlorenzen
Bad Neustadt
Wülfershausen
Saal
Großeibstadt
Bad Königshofen
Kleineibstadt
Fränkische Saale
Niederlauer
Helburg
Burglauer
Münnerstadt
Bad Kissingen
Lauer
Maroldsweisach
Voccawind
Todtenweisach
Rottershausen
Pfaffendorf
Junkersdorf
Elfershausen-Trimberg
Euerdorf

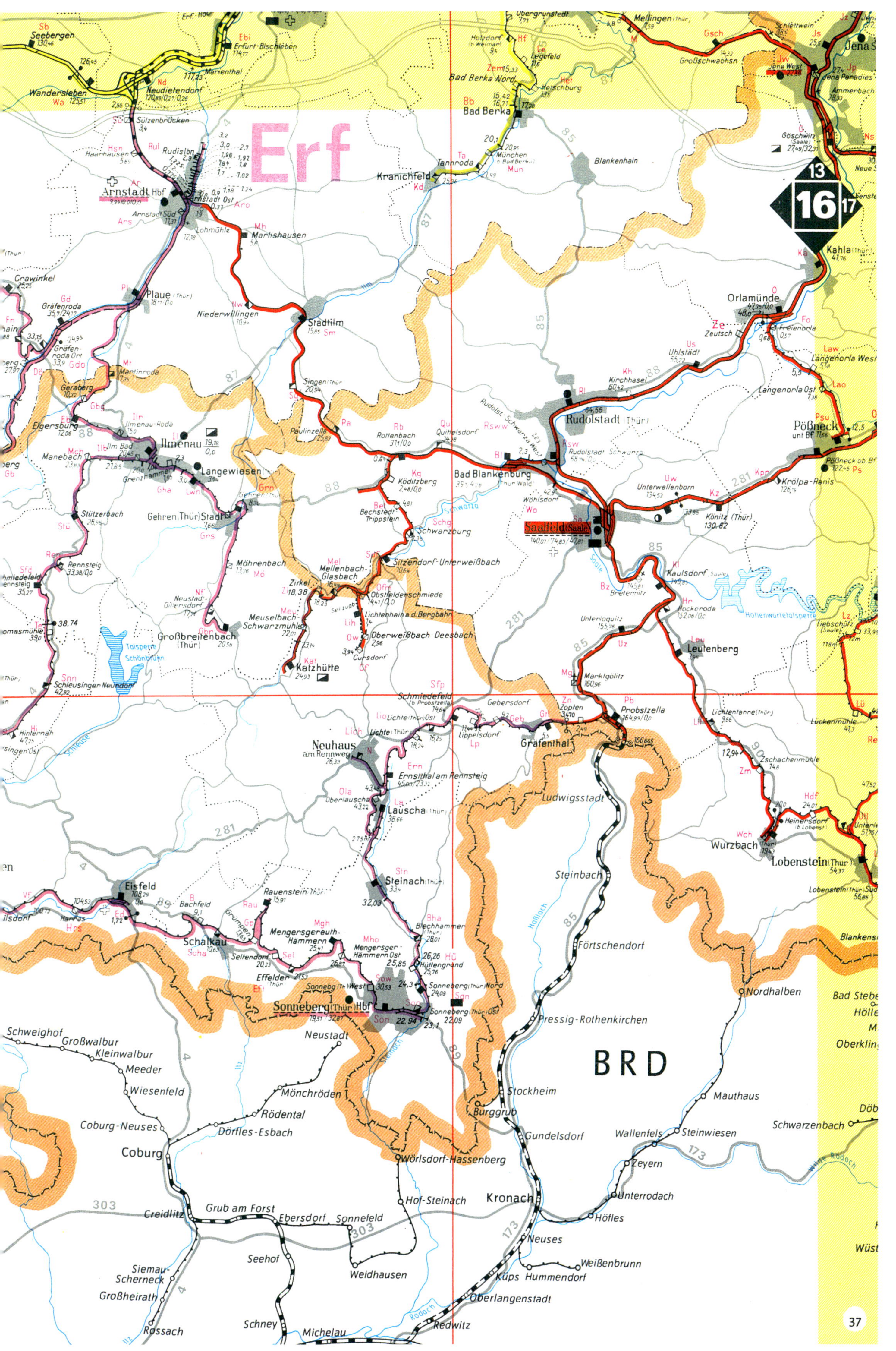

Erf
16
13
17
Seebergen
Wandersleben
Neudietendorf
Erfurt-Bischleben
Marienthal
Sülzenbrücken
Haarhausen
Rudisleben
Arnstadt Hbf
Arnstadt Ost
Arnstadt Süd
Lohmühle
Marlishausen
Plaue (Thür)
Crawinkel
Gräfenroda
Gräfenroda Ort
Niederwillingen
Stadtilm
Martinroda
Geraberg
Elgersburg
Ilmenau-Roda
Ilmenau
Ilm Bad
Manebach
Langewiesen
Grenzhammer
Gehren (Thür) Stadt
Stützerbach
Rennsteig
Möhrenbach
Neustadt-Gillersdorf
Großbreitenbach (Thür)
Talsperre Schönbrunn
Schleusingen Neundorf
Hinternah
Singen (Thür)
Paulinzella
Rottenbach
Quittelsdorf
Köditzberg
Bechstedt-Trippstein
Schwarzburg
Sitzendorf-Unterweißbach
Mellenbach-Glasbach
Obstfelderschmiede
Lichtenhain a.d. Bergbahn
Oberweißbach-Deesbach
Cursdorf
Zirkel
Meuselbach-Schwarzmühle
Katzhütte
Bad Blankenburg
Rudolstadt (Thür)
Rudolstadt-Schwarza
Kirchhasel
Uhlstädt
Zeutsch
Orlamünde
Freienorla
Langenorla West
Langenorla Ost
Pößneck unt Bf
Pößneck ob Bf
Krölpa-Ranis
Könitz (Thür)
Unterwellenborn
Saalfeld (Saale)
Wöhlsdorf
Kaulsdorf (Saale)
Hockeroda
Breternitz
Unterloquitz
Leutenberg
Marktgölitz
Probstzella
Zopten
Gräfenthal
Lippelsdorf
Gebersdorf
Schmiedefeld (b. Probstzella)
Lichte (Thür)
Lichte (Thür) Ost
Neuhaus am Rennweg
Ernstthal am Rennsteig
Oberlauscha
Lauscha (Thür)
Steinach (Thür)
Blechhammer (Thür)
Hüttengrund
Sonneberg (Thür) Nord
Sonneberg (Thür) Ost
Sonneberg (Thür) Hbf
Sonneberg (Thür) West
Mengersgereuth-Hämmern
Mengersgereuth-Hämmern Ost
Rauenstein (Thür)
Grumbach
Effelder (Thür)
Seltendorf
Schalkau
Bachfeld
Eisfeld
Lichtentanne (Thür)
Zschachenmühle
Wurzbach (Thür)
Heinersdorf (b. Lobenstein)
Lobenstein (Thür)
Lobenstein (Thür) Süd
Hohenwartetalsperre
Liebschütz (Saale)
Lückenmühle
Kahla (Thür)
Jena West
Jena Paradies
Jena Saalbf
Göschwitz (Saale)
Ammerbach
Neue Schenke
Mellingen (Thür)
Schlöttwein
Großschwabhausen
Übergrunstedt
Holzdorf (b. Weimar)
Legefeld
Bad Berka Nord
Hetschburg
Bad Berka
München (b. Bad Berka)
Tannroda
Kranichfeld
Blankenhain
Ilm
Saale
Schwarza
Ludwigsstadt
Steinbach
Förtschendorf
Pressig-Rothenkirchen
Stockheim
Burggrub
Gundelsdorf
Kronach
Nordhalben
Mauthaus
Wallenfels
Steinwiesen
Zeyern
Unterrodach
Höfles
Neuses
Weißenbrunn
Küps
Hummendorf
Oberlangenstadt
Redwitz
Michelau
Schney
Seehof
Weidhausen
Sonnefeld
Ebersdorf
Grub am Forst
Creidlitz
Coburg
Coburg-Neuses
Dörfles-Esbach
Rödental
Mönchröden
Neustadt
Wörlsdorf-Hassenberg
Hof-Steinach
Schweighof
Großwalbur
Kleinwalbur
Meeder
Wiesenfeld
Siemau-Scherneck
Großheirath
Rossach
Schwarzenbach
Blankenstein
Bad Steben
Oberkling
BRD

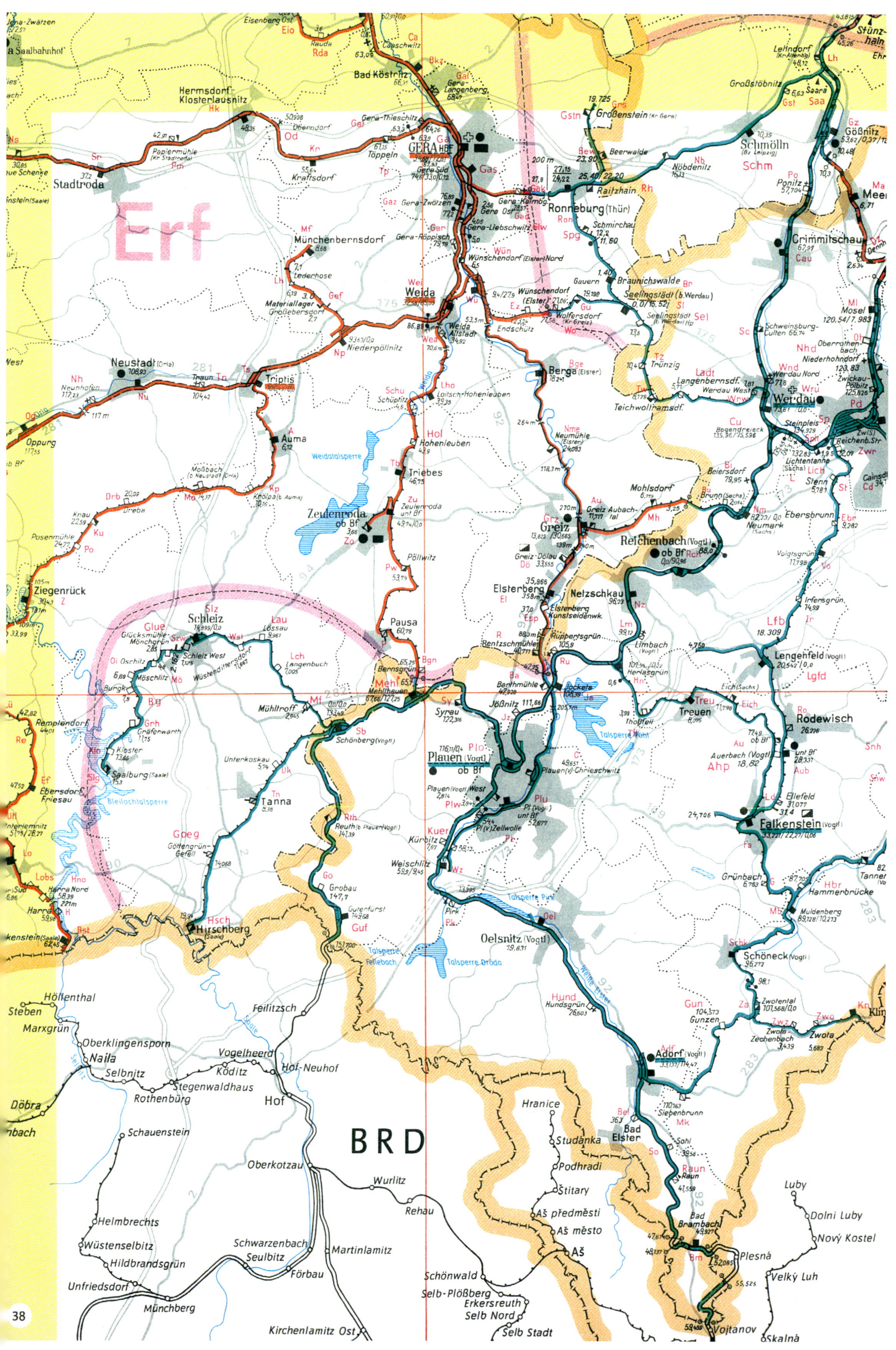
Erf
BRD
Saalbahnhof
Eisenberg Ost
Rauda
Caaschwitz
Bad Köstritz
Gera-Langenberg
Hermsdorf-Klosterlausnitz
Großstöbnitz
Leitendorf
Gera-Thieschitz
Papiermühle
Oberndorf
Stadtroda
Töppeln
GERA Hbf
Gera Süd
Kraftsdorf
Großenstein
Beerwalde
Schmölln
Nöbdenitz
Gößnitz
Ponitz
Raitzhain
Ronneburg (Thür)
Gera-Zwötzen
Gera-Kaimbg
Gera Ost
Gera-Liebschwitz
Gera-Röppisch
Schmirchau
Crimmitschau
Münchenbernsdorf
Wünschendorf (Elster) Nord
Wünschendorf (Elster)
Lederhose
Weida
Gauern
Braunichswalde
Seelingstädt (b. Werdau)
Materiallager Großebersdorf
Wolfersdorf
Endschütz
Weida Altstadt
Niederpöllnitz
Mosel
Schweinsburg-Culten
Oberrothenbach
Niederhohndorf
Zwickau-Pölbitz
Neustadt (Orla)
Traun
Triptis
Neunhofen
Schüptitz
Loitsch-Hohenleuben
Berga (Elster)
Trünzig
Langenbernsdf.
Werdau West
Werdau Nord
Werdau
Teichwolframsdf.
Oppurg
Auma
Hohenleuben
Weidatalsperre
Neumühle (Elster)
Bogendreieck
Steinpleis
Reichenb. Str
Lichtentanne (Sachs)
Stenn
Mößbach (b Neustadt (Orla))
Triebes
Beiersdorf
Dreba
KröIpa (b. Auma)
Knau
Zeulenroda ob Bf
Zeulenroda unt Bf
Mohlsdorf
Greiz Aubachtal
Brunn (Sachs)
Neumark (Sachs)
Ebersbrunn
Posenmühle
Greiz
Reichenbach (Vogtl) ob Bf
Pöllwitz
Greiz-Dölau
Voigtsgrün
Ziegenrück
Elsterberg
Netzschkau
Infersgrün
Schleiz
Lössau
Pausa
Elsterberg Kunstseidenwk.
Ruppertsgrün
Lengenfeld (Vogtl)
Glücksmühle-Mönchgrün
Schleiz West
Wüstenwittersdorf
Langenbuch
Rentzschmühle
Limbach (Vogtl)
Herlasgrün
Oschitz
Möschlitz
Bernsgrün
Mehltheuer
Barthmühle
Jocketa
Eich (Sachs)
Remptendorf
Burgk
Mühltroff
Syrau
Jößnitz
Treuen
Thoßfell
Rodewisch
Gräfenwarth
Schönberg (Vogtl)
Talsperre Pöhl
Auerbach (Vogtl) ob Bf
Rodewisch unt Bf
Ebersdorf-Friesau
Kloster
Saalburg (Saale)
Unterkoskau
Plauen (Vogtl) ob Bf
Plauen (v)-Chrieschwitz
Bleilochtalsperre
Tanna
Plauen (Vogtl) West
Pl (Vogtl) unt Bf
Ellefeld
Falkenstein (Vogtl)
Unterlemnitz
Göttengrün-Gefell
Reuth (b Plauen (Vogtl))
Pl (v) Zellwolle
Kürbitz
Weischlitz
Grünbach
Hammerbrücke
Harra Nord
Harra
Hirschberg (Saale)
Grobau
Gutenfürst
Talsperre Pirk
Pirk
Muldenberg
Blankenstein (Saale)
Oelsnitz (Vogtl)
Talsperre Feilebach
Talsperre Dröda
Schöneck (Vogtl)
Höllenthal
Steben
Marxgrün
Feilitzsch
Hundsgrün
Gunzen
Zwotental
Zwota-Zechenbach
Zwota
Oberklingensporn
Naila
Selbnitz
Vogelheerd
Köditz
Hof-Neuhof
Stegenwaldhaus
Rothenbürg
Hof
Döbra
Adorf (Vogtl)
Hranice
Siebenbrunn
Schauenstein
Bad Elster
Studánka
Sohl
Oberkotzau
Podhradí
Raun
Wurlitz
Štítary
Rehau
Helmbrechts
Aš předměstí
Aš město
Bad Brambach
Luby
Dolní Luby
Nový Kostel
Wüstenselbitz
Schwarzenbach
Seulbitz
Martinlamitz
Aš
Plesná
Hildbrandsgrün
Förbau
Schönwald
Velký Luh
Unfriedsdorf
Selb-Plößberg
Erkersreuth
Münchberg
Selb Nord
Kirchenlamitz Ost
Selb Stadt
Vojtanov
Skalná

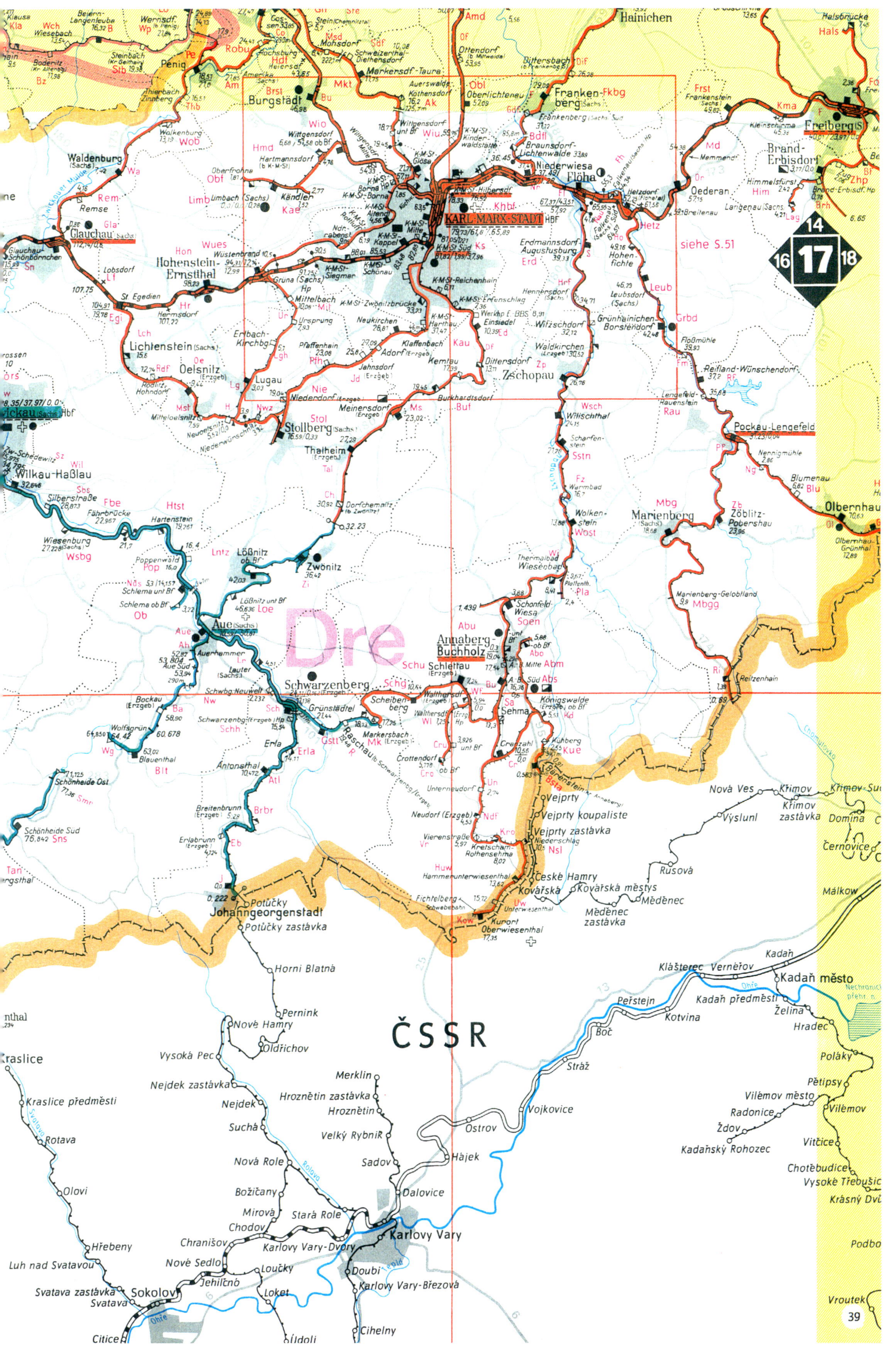
Hainichen
Burgstädt
Penig
Waldenburg
Glauchau (Sachs)
Remse
Hohenstein-Ernstthal
St. Egidien
Lichtenstein (Sachs)
Oelsnitz (Erzgeb)
Lugau
Stollberg (Sachs)
Thalheim (Erzgeb)
Zwönitz
Lößnitz ob Bf
Aue (Sachs)
Wilkau-Haßlau
Wiesenburg (Sachs)
Hartenstein
Silberstraße
Schlema unt Bf
Schlema ob Bf
Auerhammer
Lauter (Sachs)
Schwarzenberg
Grünstädtel
Bockau (Erzgeb)
Wolfsgrün
Blauenthal
Schönheide Ost
Schönheide Süd
Antonsthal
Breitenbrunn (Erzgeb)
Erlabrunn (Erzgeb)
Johanngeorgenstadt
Karl-Marx-Stadt Hbf
Karl-Marx-Stadt Süd
K-M-St-Hilbersdf
K-M-St-Kappel
K-M-St-Siegmar
K-M-St-Schönau
K-M-St-Reichenhain
K-M-St-Erfenschlag
K-M-St-Harthau
Einsiedel
Dittersdorf
Zschopau
Flöha
Niederwiesa
Frankenberg (Sachs)
Braunsdorf-Lichtenwalde
Oederan
Freiberg (Sachs)
Brand-Erbisdorf
Erdmannsdorf-Augustusburg
Leubsdorf (Sachs)
Hennersdorf (Sachs)
Witzschdorf
Waldkirchen
Grünhainichen-Borstendorf
Floßmühle
Reifland-Wünschendorf
Lengefeld-Rauenstein
Pockau-Lengefeld
Nennigmühle
Blumenau
Olbernhau
Olbernhau-Grünthal
Marienberg (Sachs)
Zöblitz-Pobershau
Marienberg-Gelobtland
Reitzenhain
Willischthal
Scharfenstein
Warmbad
Wolkenstein
Thermalbad Wiesenbad
Schönfeld-Wiesa
Annaberg-Buchholz
Schlettau (Erzgeb)
Walthersdorf
Scheibenberg
Markersbach (Erzgeb)
Raschau
Königswalde
Sehma
Cranzahl
Crottendorf
Unterneudorf
Neudorf (Erzgeb)
Vierenstraße
Kretscham-Rothensehma
Hammerunterwiesenthal
Kurort Oberwiesenthal
Fichtelberg Schwebebahn
Niederdorf (Erzgeb)
Meinersdorf (Erzgeb)
Burkhardtsdorf
Neukirchen
Klaffenbach
Adorf (Erzgeb)
Jahnsdorf (Erzgeb)
Kemtau
Dorfchemnitz (b Zwönitz)
Wüstenbrand
Mittelbach
Ursprung
Erlbach-Kirchbg
Pfaffenhain
Oberfrohna
Limbach (Sachs)
Kändler
Wittgensdorf ob Bf
Hartmannsdorf (b K-M-St)
Lobsdorf
Hermsdorf
Rödlitz-Hohndorf
Mitteloelsnitz
Neuoelsnitz
Niederwürschnitz
Wolkenburg
Mohsdorf
Markersdf-Taura
Oberlichtenau
Dittersbach
Ottendorf
Hetzdorf
Hohenfichte
Falkenau
siehe S.51
14
16
17
18
Dre
ČSSR
Potůčky
Potůčky zastávka
Horní Blatná
Pernink
Nové Hamry
Oldřichov
Vysoká Pec
Nejdek zastávka
Nejdek
Suchá
Nová Role
Božičany
Mírová
Chodov
Chranišov
Nové Sedlo
Loučky
Jehličná
Loket
Sokolov
Svatava zastávka
Svatava
Citice
Luh nad Svatavou
Hřebeny
Oloví
Rotava
Kraslice předměstí
Kraslice
Merklín
Hroznětín zastávka
Hroznětín
Velký Rybník
Sadov
Dalovice
Stará Role
Karlovy Vary-Dvory
Karlovy Vary
Doubí
Karlovy Vary-Březová
Cihelny
Údolí
Ostrov
Hájek
Vojkovice
Stráž
Boč
Perštejn
Kotvina
Klášterec
Vernéřov
Kadaň
Kadaň město
Kadaň předměstí
Želina
Hradec
Poláky
Pětipsy
Vilémov město
Vilémov
Radonice
Ždov
Kadaňský Rohozec
Vitčice
Chotěbudice
Vysoké Třebušice
Krásný Dvůr
Podbořany
Vroutek
Vejprty
Vejprty koupaliště
Vejprty zastávka
Niederschlag
České Hamry
Kovářská
Kovářská městys
Měděnec
Měděnec zastávka
Rusová
Nová Ves
Křimov
Křimov zastávka
Výsluní
Domina
Černovice
Málkow
Bärenstein
Kühberg
Ohře
Rolava
Svatava

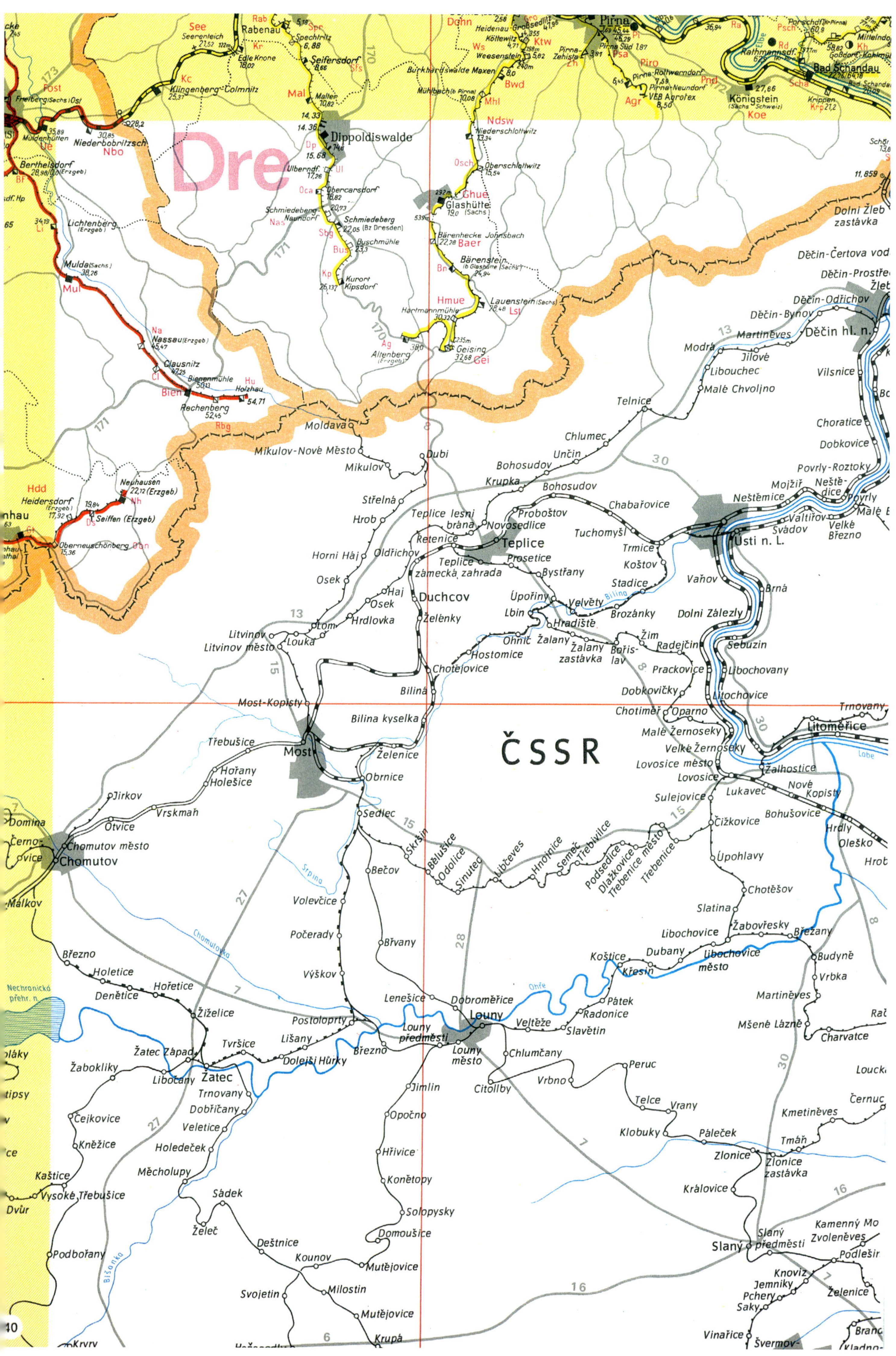
Dre
ČSSR
Pirna
Rabenau
Seifersdorf
Klingenberg-Colmnitz
Niederbobritzsch
Dippoldiswalde
Obercarsdorf
Schmiedeberg
Buschmühle
Kurort Kipsdorf
Glashütte
Bärenhecke Johnsbach
Bärenstein
Lauenstein (Sachs)
Hartmannmühle
Altenberg (Erzgeb)
Geising
Königstein (Sachs Schweiz)
Bad Schandau
Rathmannsdorf
Pirna-Rottwerndorf
Pirna-Neundorf VEB Agrotex
Niederschlottwitz
Oberschlottwitz
Weesenstein
Burkhardswalde Maxen
Mühlbach (b Pirna)
Heidenau-Großsedlitz
Köttewitz
Freiberg (Sachs) Ost
Muldenhütten
Berthelsdorf
Lichtenberg (Erzgeb)
Mulda (Sachs)
Nassau (Erzgeb)
Clausnitz
Bienenmühle
Holzhau
Rechenberg
Neuhausen (Erzgeb)
Heidersdorf (Erzgeb)
Seiffen (Erzgeb)
Oberneuschönberg
Moldava
Mikulov-Nové Město
Mikulov
Dubí
Střelná
Hrob
Horní Háj
Oldřichov
Osek
Lom
Litvínov
Litvínov město
Louka
Hrdlovka
Haj
Duchcov
Želénky
Teplice lesní brána
Novosedlice
Řetenice
Teplice
Teplice zámecká zahrada
Prosetice
Bystřany
Proboštov
Bohosudov
Krupka
Chlumec
Unčin
Telnice
Chabařovice
Tuchomyšl
Trmice
Koštov
Stadice
Úpořiny
Velvěty
Lbín
Hradiště
Ohnič
Žalany
Žalany zastávka
Hostomice
Bořislav
Žim
Radejčín
Brozánky
Prackovice
Dobkovičky
Chotějovice
Bílina
Bílina kyselka
Most-Kopisty
Most
Třebušice
Hořany
Holešice
Jirkov
Otvice
Vrskmaň
Chomutov město
Chomutov
Želenice
Obrnice
Sedlec
Skršín
Bělušice
Odolice
Sinutec
Libčeves
Hnojnice
Semeč
Třebivlice
Podsedice
Dlažkovice
Třebenice město
Třebenice
Bečov
Volevčice
Počerady
Břvany
Výškov
Lenešice
Dobroměřice
Louny
Louny předměstí
Louny město
Postoloprty
Lišany
Dolejší Hůrky
Březno
Tvršice
Žatec Západ
Žatec
Libočany
Trnovany
Dobřičany
Veletice
Holedeček
Měcholupy
Sádek
Želeč
Deštnice
Kounov
Mutějovice
Milostín
Svojetín
Krupá
Jimlín
Opočno
Hřivice
Konětopy
Solopysky
Domoušice
Chlumčany
Citoliby
Vrbno
Peruc
Telce
Vrany
Klobuky
Páleček
Zlonice
Zlonice zastávka
Královice
Slaný
Slaný předměstí
Veltěže
Slavětín
Radonice
Pátek
Křesín
Koštice
Dubany
Libochovice město
Libochovice
Žabovřesky
Slatina
Chotěšov
Úpohlavy
Čížkovice
Sulejovice
Lovosice
Lovosice město
Lukavec
Nové Kopisty
Bohušovice
Žalhostice
Litoměřice
Trnovany
Velké Žernoseky
Malé Žernoseky
Chotiměř
Oparno
Litochovice
Libochovany
Sebuzín
Dolní Zálezly
Brná
Vaňov
Ústí n. L.
Neštěmice
Svádov
Valtířov
Velké Březno
Mojžíř
Neštědice
Povrly-Roztoky
Povrly
Dobkovice
Choratice
Vilsnice
Děčín hl. n.
Martiněves
Děčín-Bynov
Děčín-Odřichov
Děčín-Prostřední Žleb
Děčín-Čertova voda
Dolní Žleb zastávka
Modrá
Jílové
Libouchec
Malé Chvojno
Hrdly
Oleško
Břežany
Budyně
Vrbka
Martiněves
Mšené Lázně
Charvatce
Kmetiněves
Černuc
Tmáň
Kamenný Most
Zvoleněves
Podlešír
Knovíz
Jemníky
Pchery
Saky
Želenice
Vinařice
Švermov
Březno
Holetice
Denětice
Hořetice
Žiželice
Žabokliky
Čejkovice
Kněžice
Kaštice
Vysoké Třebušice
Podbořany
Málkov
Domina
Nechranická přehr. n.
Bílina
Srpina
Chomutovka
Ohře
Bišanka
Labe
Elbe
13
15
27
7
28
30
8
16
6
170
171
173
Mikulov

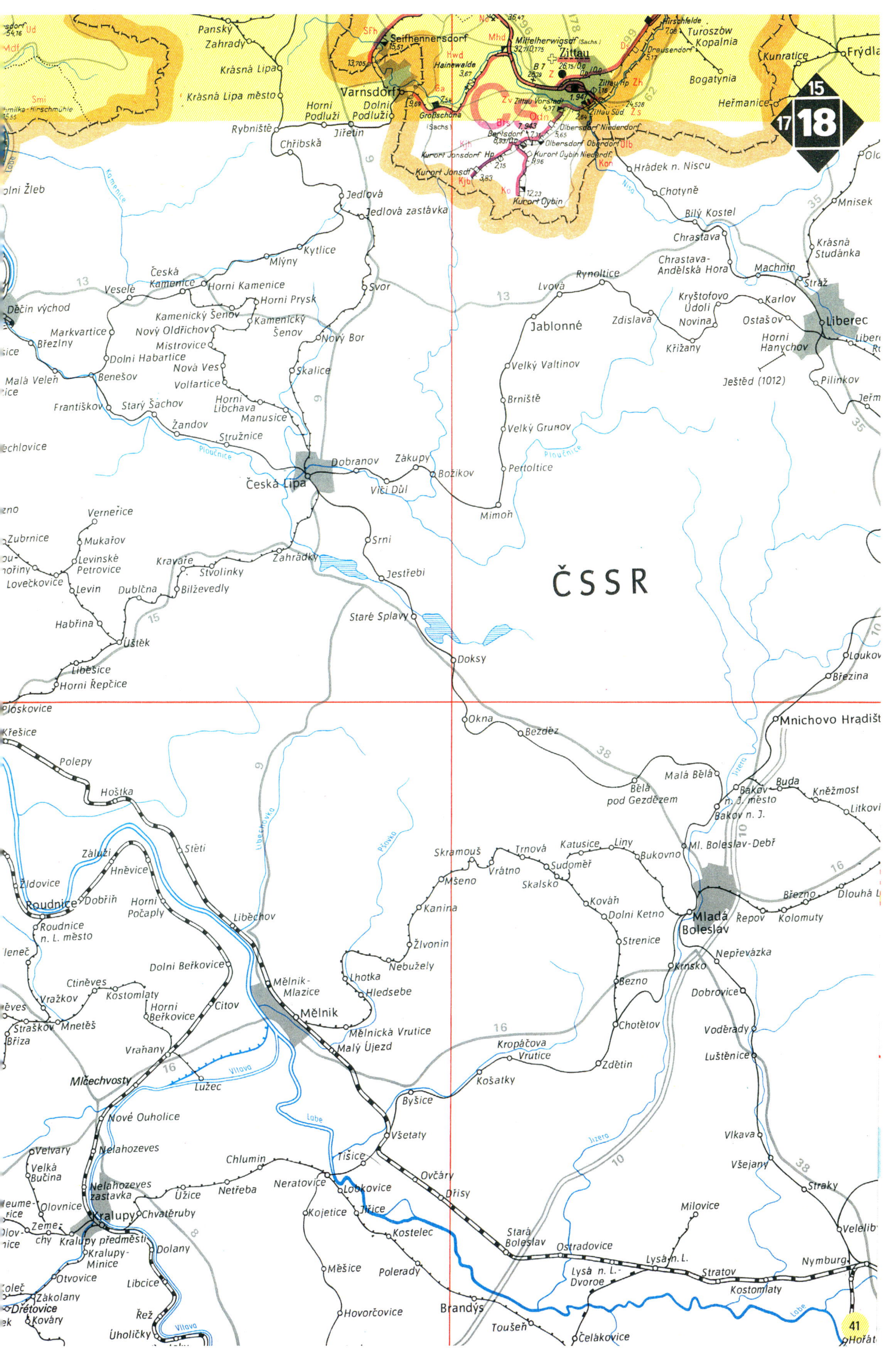

Panský
Zahrady
Krásná Lípa
Krásná Lípa město
Seifhennersdorf
Varnsdorf
Horní Podluží
Dolní Podluží
Rybniště
Jiřetín
Chřibská
Großschönau
Mittelherwigsdorf (Sachs.)
Hainewalde
Zittau
Hirschfelde
Turoszów
Kopalnia
Drausendorf
Bogatynia
Kunratice
Frýdlant
Heřmanice
Zittau Vorstadt
Zittau Hp
Zittau Süd
Bertsdorf
Olbersdorf Niederdorf
Olbersdorf Oberdorf
Kurort Jonsdorf Hp
Kurort Jonsdorf
Kurort Oybin Niederdorf
Kurort Oybin
Hrádek n. Nisou
Chotyně
Bílý Kostel
Chrastava
Chrastava-Andělská Hora
Mníšek
Krásná Studánka
Machnín
Stráž
Kryštofovo Údolí
Novina
Karlov
Ostašov
Liberec
Horní Hanychov
Křižany
Ještěd (1012)
Pilínkov
Jedlová
Jedlová zastávka
Kytlice
Mlýny
Česká Kamenice
Horní Kamenice
Veselé
Děčín východ
Horní Prysk
Kamenický Šenov
Svor
Nový Oldřichov
Markvartice
Březiny
Mistrovice
Dolní Habartice
Nová Ves
Nový Bor
Skalice
Benešov
Malá Veleň
Volfartice
Františkov
Starý Šachov
Horní Libchava
Manušice
Žandov
Stružnice
Lvová
Rynoltice
Jablonné
Zdislava
Velký Valtínov
Brniště
Velký Grunov
Pertoltice
Dobranov
Zákupy
Božíkov
Česká Lípa
Vlčí Důl
Mimoň
Ploučnice
Verneřice
Zubrnice
Mukařov
Levínské Petrovice
Lovečkovice
Levín
Kravaře
Stvolínky
Dublčna
Bilževedly
Zahrádky
Srní
Jestřebí
Habřina
Úštěk
Staré Splavy
ČSSR
Libešice
Horní Řepčice
Doksy
Loukov
Březina
Ploskovice
Křešice
Okna
Bezděz
Mnichovo Hradiště
Polepy
Hoštka
Bělá pod Bezdězem
Malá Bělá
Bakov n. J. město
Bakov n. J.
Buda
Kněžmost
Litkovice
Štětí
Záluží
Hněvice
Židovice
Roudnice
Dobříň
Horní Počaply
Roudnice n. L. město
Skramouš
Trnová
Katusice
Líny
Bukovno
Ml. Boleslav-Debř
Vrátno
Sudoměř
Skalsko
Mšeno
Kanina
Kováň
Dolní Ketno
Mladá Boleslav
Řepov
Březno
Dlouhá Lhota
Kolomuty
Liběchov
Žlvonín
Strenice
Nepřevázka
Dolní Beřkovice
Nebužely
Kosmonosy
Lhotka
Hledsebe
Bezno
Dobrovice
Ctiněves
Kostomlaty
Vražkov
Horní Beřkovice
Citov
Mělník-Mlazice
Mělník
Straškov
Mnetěš
Bříza
Mělnická Vrutice
Malý Újezd
Chotětov
Voděrady
Vraňany
Kropáčova Vrutice
Luštěnice
Mlčechvosty
Lužec
Vltava
Zdětín
Košátky
Byšice
Nové Ouholice
Všetaty
Labe
Jizera
Vlkava
Velvary
Nelahozeves
Velká Bučina
Chlumín
Tišice
Ovčáry
Všejany
Straky
Nelahozeves zastávka
Olovnice
Úžice
Netřeba
Neratovice
Lobkovice
Dřísy
Milovice
Zeměchy
Kralupy
Chvatěruby
Kojetice
Jiřice
Kostelec
Veleliby
Kralupy předměstí
Kralupy-Minice
Dolany
Stará Boleslav
Ostradovice
Lysá n. L.
Lysá n. L.-Dvoroe
Stratov
Nymburg
Otvovice
Libčice
Měšice
Polerady
Kostomlaty
Zákolany
Dřetovice
Kováry
Řež
Úholičky
Hovorčovice
Brandýs
Toušeň
Čelákovice
Hořátev
15
17
18

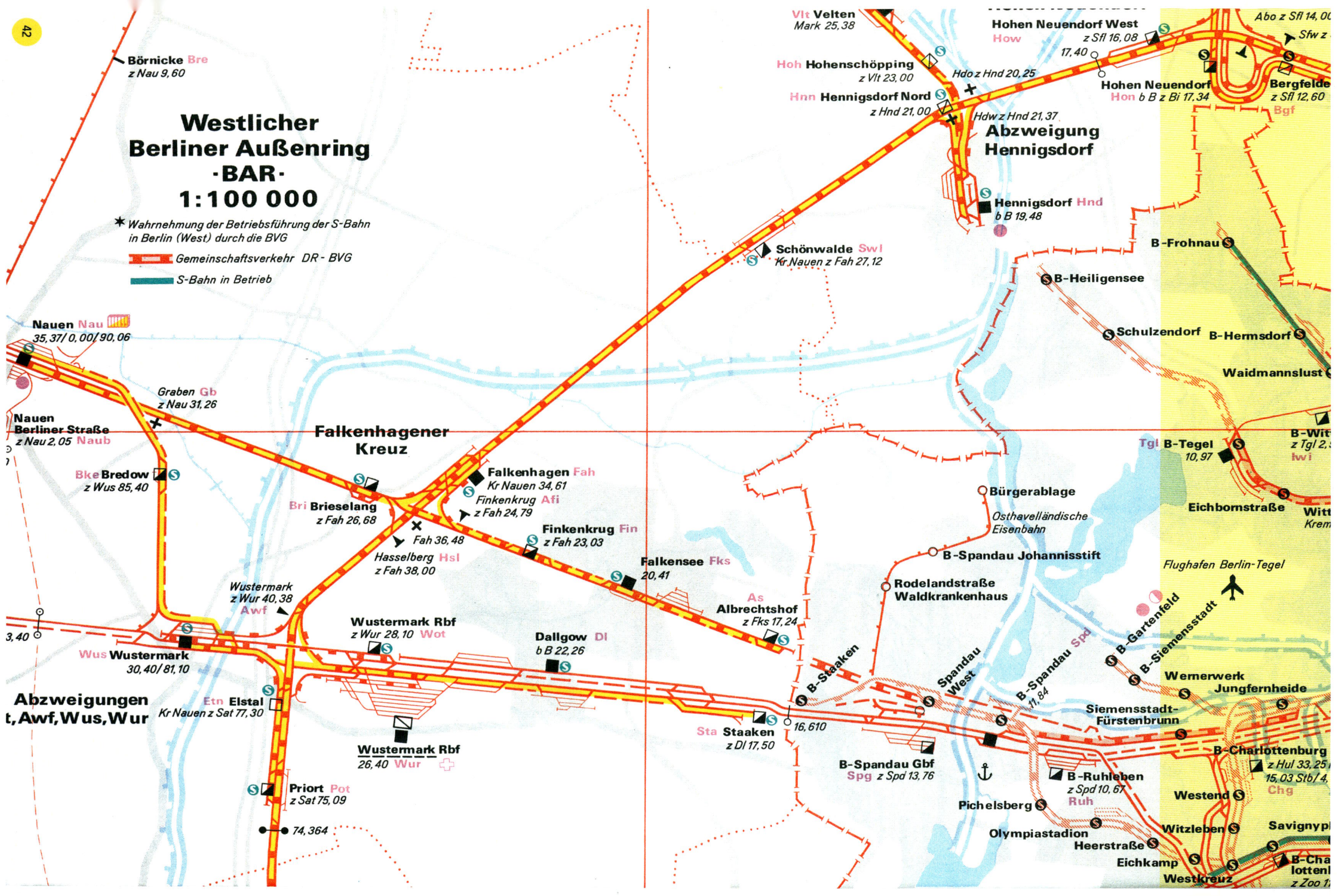

Westlicher
Berliner Außenring
·BAR·
1:100 000
* Wahrnehmung der Betriebsführung der S-Bahn in Berlin (West) durch die BVG
Gemeinschaftsverkehr DR - BVG
S-Bahn in Betrieb
Börnicke Bre
z Nau 9,60
Nauen Nau
35,37/ 0,00/ 90,06
Graben Gb
z Nau 31,26
Nauen Berliner Straße
z Nau 2,05 Naub
Bke Bredow
z Wus 85,40
Falkenhagener Kreuz
Bri Brieselang
z Fah 26,68
Falkenhagen Fah
Kr Nauen 34,61
Finkenkrug Afi
z Fah 24,79
Fah 36,48
Hasselberg Hsl
z Fah 38,00
Finkenkrug Fin
z Fah 23,03
Falkensee Fks
20,41
As
Albrechtshof
z Fks 17,24
Wustermark
z Wur 40,38
Awf
Wustermark Rbf
z Wur 28,10 Wot
Dallgow Dl
b B 22,26
3,40
Wus Wustermark
30,40/ 81,10
Abzweigungen
t, Awf, Wus, Wur
Etn Elstal
Kr Nauen z Sat 77,30
Wustermark Rbf
26,40 Wur
Priort Pot
z Sat 75,09
74,364
Sta Staaken
z Dl 17,50
16,610
B-Staaken
Spandau West
B-Spandau Spd
11,84
B-Spandau Gbf
Spg z Spd 13,76
B-Ruhleben
z Spd 10,67
Ruh
Pichelsberg
Olympiastadion
Heerstraße
Eichkamp
Westkreuz
Vlt Velten
Mark 25,38
Hoh Hohenschöpping
z Vlt 23,00
Hnn Hennigsdorf Nord
z Hnd 21,00
Hdo z Hnd 20,25
Hdw z Hnd 21,37
Abzweigung Hennigsdorf
Hennigsdorf Hnd
b B 19,48
Hohen Neuendorf West
How
z Sfl 16,08
17,40
Hohen Neuendorf
Hon b B z Bi 17,34
Bergfelde
z Sfl 12,60
Bgf
Abo z Sfl 14,00
Sfw z
Schönwalde Swl
Kr Nauen z Fah 27,12
B-Frohnau
B-Heiligensee
Schulzendorf
B-Hermsdorf
Waidmannslust
Tgl B-Tegel
10,97
B-Wit
z Tgl 2,
Iwi
Eichbornstraße
Witt
Krem
Bürgerablage
Osthavelländische Eisenbahn
B-Spandau Johannisstift
Rodelandstraße
Waldkrankenhaus
Flughafen Berlin-Tegel
B-Gartenfeld
B-Siemensstadt
Wernerwerk
Jungfernheide
Siemensstadt-Fürstenbrunn
B-Charlottenburg
z Hul 33,25
15,03 Stb/ 4
Chg
Westend
Witzleben
Savignypl
B-Charlottenl
z Zoo 1

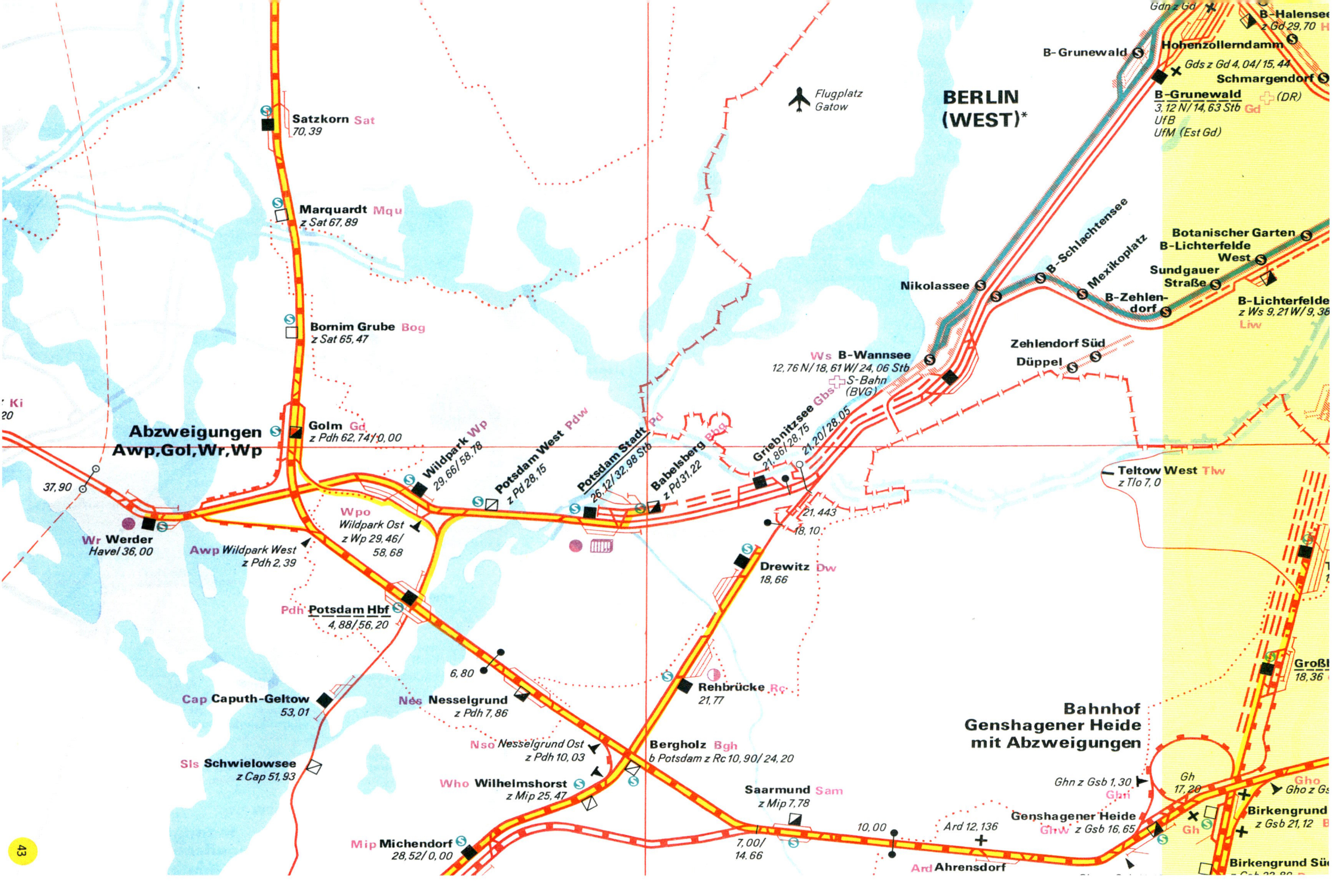

BERLIN (WEST)*
Flugplatz Gatow
Satzkorn Sat 70,39
Marquardt Mqu z Sat 67,89
Bornim Grube Bog z Sat 65,47
Golm Gd z Pdh 62,74/0,00
Abzweigungen Awp,Gol,Wr,Wp
37,90
Wr Werder Havel 36,00
Awp Wildpark West z Pdh 2,39
Wpo Wildpark Ost z Wp 29,46/58,68
Wildpark Wp 29,66/58,78
Potsdam West Pdw z Pd 28,15
Potsdam Stadt Pd 26,12/32,98 Stb
Babelsberg Bbg z Pd 31,22
Griebnitzsee Gbs 21,86/28,75
21,20/28,05
Ws B-Wannsee 12,76 N/18,61 W/24,06 Stb
S-Bahn (BVG)
21,443
18,10
Pdh Potsdam Hbf 4,88/56,20
6,80
Cap Caputh-Geltow 53,01
Nes Nesselgrund z Pdh 7,86
Nso Nesselgrund Ost z Pdh 10,03
Sls Schwielowsee z Cap 51,93
Who Wilhelmshorst z Mip 25,47
Mip Michendorf 28,52/0,00
Drewitz Dw 18,66
Rehbrücke Rc 21,77
Bergholz Bgh b Potsdam z Rc 10,90/24,20
Saarmund Sam z Mip 7,78
7,00/14.66
10,00
Ard 12,136
Ard Ahrensdorf
Nikolassee
B-Schlachtensee
Mexikoplatz
B-Zehlendorf
Zehlendorf Süd
Düppel
Teltow West Tlw z Tlo 7,0
B-Grunewald
Hohenzollerndamm
B-Halensee z Gd 29,70
Gdn z Gd
Gds z Gd 4,04/15,44
Schmargendorf
B-Grunewald 3,12 N/14,63 Stb Gd (DR)
UfB
UfM (Est Gd)
Botanischer Garten
B-Lichterfelde West
Sundgauer Straße
B-Lichterfelde z Ws 9,21 W/9,36 Liw
Bahnhof Genshagener Heide mit Abzweigungen
Ghn z Gsb 1,30 Ghn
Gh 17,20
Gho Gho z Gsb
Genshagener Heide Ghw z Gsb 16,65
Gh
Birkengrund z Gsb 21,12
Birkengrund Süd
Großbeeren 18,36
Ki

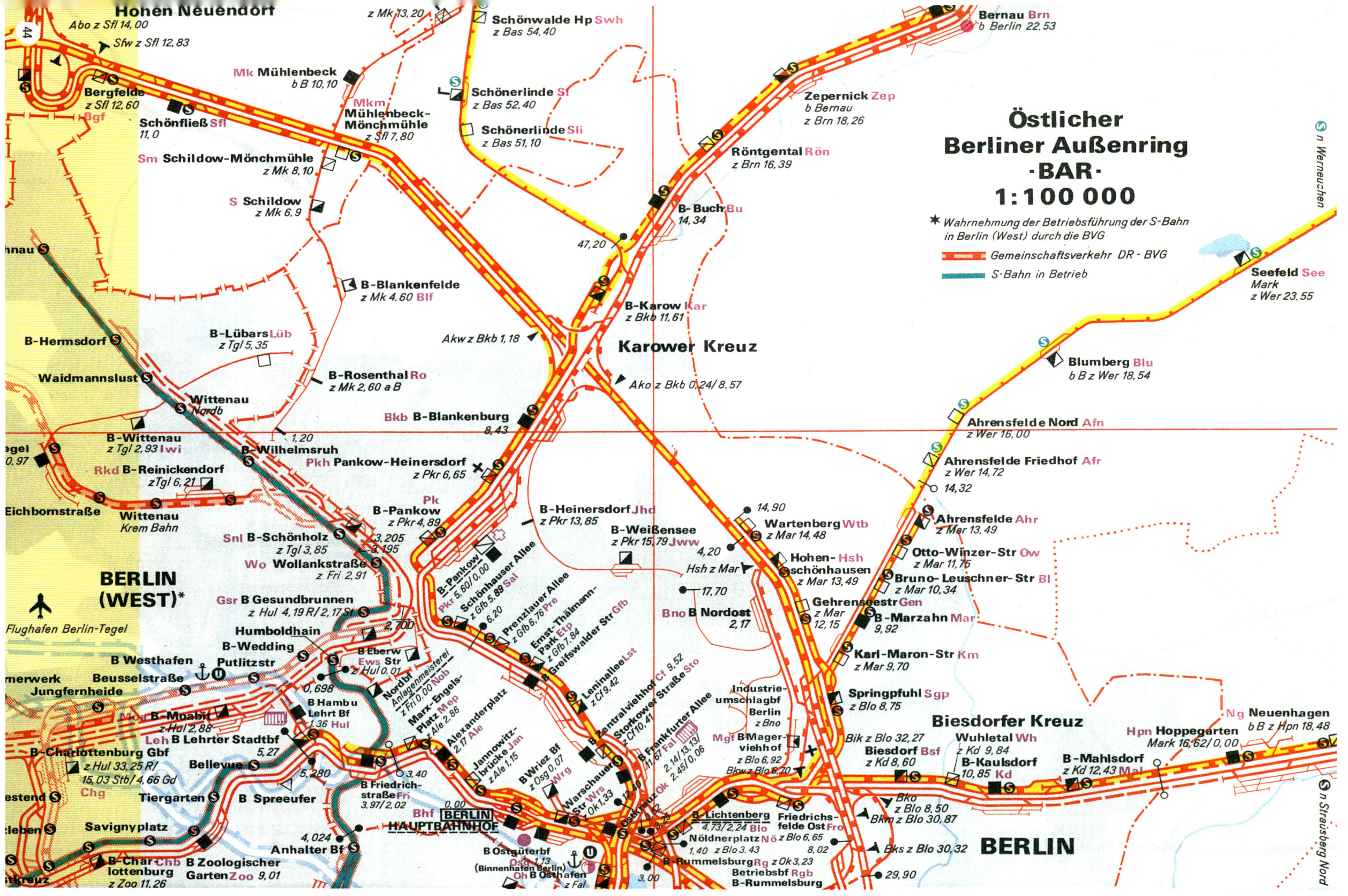

Östlicher
Berliner Außenring
-BAR-
1:100 000
★ Wahrnehmung der Betriebsführung der S-Bahn in Berlin (West) durch die BVG
Gemeinschaftsverkehr DR - BVG
S-Bahn in Betrieb
n Werneuchen
n Strausberg Nord
Hohen Neuendorf
Abo z Sfl 14,00
Sfw z Sfl 12,83
Bergfelde
z Sfl 12,60
Bgf
Schönfließ Sfl
11,0
Mk Mühlenbeck
b B 10,10
Mkm Mühlenbeck-Mönchmühle
z Sfl 7,80
Sm Schildow-Mönchmühle
z Mk 8,10
S Schildow
z Mk 6,9
z Mk 13,20
Schönwalde Hp Swh
z Bas 54,40
Schönerlinde Sl
z Bas 52,40
Schönerlinde Sli
z Bas 51,10
Bernau Brn
b Berlin 22,53
Zepernick Zep
b Bernau
z Brn 18,26
Röntgental Rön
z Brn 16,39
B-Buch Bu
14,34
47,20
B-Karow Kar
z Bkb 11,61
Karower Kreuz
Akw z Bkb 1,18
Ako z Bkb 0,24/8,57
B-Blankenfelde
z Mk 4,60 Blf
B-Lübars Lüb
z Tgl 5,35
B-Rosenthal Ro
z Mk 2,60 a B
Bkb B-Blankenburg
8,43
B-Hermsdorf
Waidmannslust
Wittenau Nordb
B-Wittenau
z Tgl 2,93 Iwi
1,20
B-Wilhelmsruh
Pkh Pankow-Heinersdorf
z Pkr 6,65
Rkd B-Reinickendorf
z Tgl 6,21
Eichbornstraße
Wittenau
Krem Bahn
Pk
B-Pankow
z Pkr 4,89
Snl B-Schönholz
z Tgl 3,85
3,205
3,195
Wo Wollankstraße
z Fri 2,91
BERLIN (WEST)*
Flughafen Berlin-Tegel
Gsr B Gesundbrunnen
z Hul 4,19 R/2,17 St
Humboldhain
B-Wedding
B Westhafen
Putlitzstr
Beusselstraße
Jungfernheide
B-Moabit
z Hul 2,88
Leh B Lehrter Stadtbf
5,27
B-Charlottenburg Gbf
z Hul 33,25 R/15,03 Stb/4,66 Gd
Chg
Bellevue
Tiergarten
B Spreeufer
Savignyplatz
B-Charlottenburg Chb
z Zoo 11,26
B Zoologischer Garten Zoo 9,01
Anhalter Bf
4,024
5,280
B Hambu Lehrt Bf
1,36 Hul
0,698
2,700
B Eberw Str
Ews z Hul 0,01
Nordbf Anlagenmeisterei
z Fri 0,00 Nob
Marx-Engels-Platz Mep
z Ale 2,86
B Friedrichstraße Fri
3,97/2,02
3,40
Bhf BERLIN HAUPTBAHNHOF
0,00
Alexanderplatz
2,17 Ale
Jannowitzbrücke Jan
z Ale 1,15
B Wriezener Bf
z Osg 0,07
Wrg
B Ostgüterbf
Osg 1,13
(Binnenhafen Berlin)
Oh B Osthafen
z Fal
B-Pankow
Pkr 5,60/0,00
Schönhauser Allee
z Gfb 5,89 Sal
6,20
Prenzlauer Allee
z Gfb 6,76 Pre
Ernst-Thälmann-Park Etp
z Gfb 7,84
Greifswalder Str Gfb
Leninallee Lst
z Cf 9,42
Zentralviehhof Cf 9,52
Storkower Straße Sto
z Cf 10,41
B Frankfurter Allee
11,67 Fal
2,14/13,13/2,45/0,06
Warschauer Str Wrs
z Ok 1,33
12,40
Ostkreuz Ok
3,00
B-Heinersdorf Jhd
z Pkr 13,85
B-Weißensee
z Pkr 15,79 Jww
4,20
Hsh z Mar
17,70
Bno B Nordost
2,17
Industrieumschlagbf Berlin
z Bno
Mgf B Magerviehhof
z Blo 6,92
Bkw z Blo 8,70
14,90
Wartenberg Wtb
z Mar 14,48
Hohen-Schönhausen Hsh
z Mar 13,49
Ahrensfelde Nord Afn
z Wer 16,00
Ahrensfelde Friedhof Afr
z Wer 14,72
14,32
Ahrensfelde Ahr
z Mar 13,49
Otto-Winzer-Str Ow
z Mar 11,76
Bruno-Leuschner-Str Bl
z Mar 10,34
Gehrenseestr Gen
z Mar 12,15
B-Marzahn Mar
9,92
Karl-Maron-Str Km
z Mar 9,70
Springpfuhl Sgp
z Blo 8,75
Seefeld See
Mark
z Wer 23,55
Blumberg Blu
b B z Wer 18,54
Biesdorfer Kreuz
Bik z Blo 32,27
Biesdorf Bsf
z Kd 8,60
Wuhletal Wh
z Kd 9,84
B-Kaulsdorf
10,85 Kd
B-Mahlsdorf
z Kd 12,43 Mal
Hpn Hoppegarten
Mark 16,62/0,00
Ng Neuenhagen
b B z Hpn 18,48
Bko z Blo 8,50
Bkm z Blo 30,87
Bks z Blo 30,32
29,90
B-Lichtenberg
4,73/2,24 Blo
Friedrichsfelde Ost Fro
z Blo 6,65
8,02
Nöldnerplatz Nö
1,40 z Blo 3,43
B-Rummelsburg Rg z Ok 3,23
Betriebsbf Rgb
B-Rummelsburg
BERLIN
44

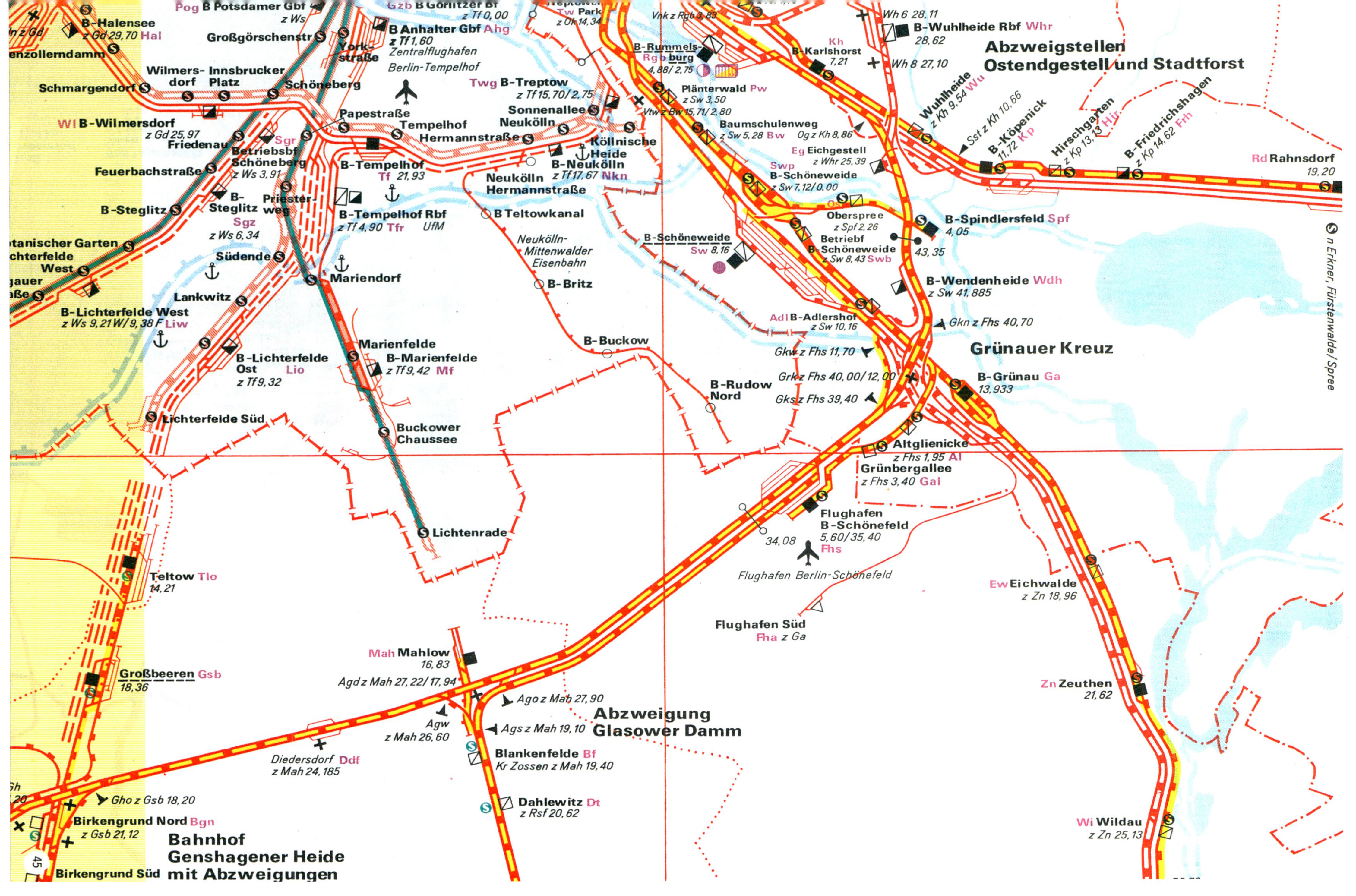
Abzweigstellen Ostendgestell und Stadtforst
Grünauer Kreuz
Abzweigung Glasower Damm
Bahnhof Genshagener Heide mit Abzweigungen
S n Erkner, Fürstenwalde/Spree
Pog B Potsdamer Gbf
z Ws
Gzb B Görlitzer Bf
z Tf 0,00
B-Halensee
z Gd 29,70 Hal
Großgörschenstr.
B Anhalter Gbf Ahg
z Tf 1,60
Zentralflughafen
Berlin-Tempelhof
Yorkstraße
Wilmers-dorf
Innsbrucker Platz
Schmargendorf
Schöneberg
Papestraße
Tempelhof
Hermannstraße
Twg B-Treptow
z Tf 15,70/2,75
Sonnenallee
Neukölln
Wl B-Wilmersdorf
z Gd 25,97
Friedenau
Sgr
Betriebsbf Schöneberg
z Ws 3,91
Feuerbachstraße
B-Tempelhof
Tf 21,93
Köllnische Heide
B-Neukölln
z Tf 17,67 Nkn
Neukölln Hermannstraße
B-Steglitz
B-Steglitz
Sgz
z Ws 6,34
Priester-weg
B-Tempelhof Rbf
z Tf 4,90 Tfr
UfM
B Teltowkanal
Südende
Mariendorf
Neukölln-Mittenwalder Eisenbahn
B-Britz
Lankwitz
B-Lichterfelde West
z Ws 9,21 W/9,38 F Liw
B-Lichterfelde Ost Lio
z Tf 9,32
Marienfelde
B-Marienfelde
z Tf 9,42 Mf
Lichterfelde Süd
Buckower Chaussee
Lichtenrade
B-Buckow
B-Rudow Nord
Tw Park
z Ok 14,34
Vnk z Rgb 3,83
B-Rummelsburg Rgb
4,88/2,75
Kh B-Karlshorst
7,21
Wh 6 28,11
B-Wuhlheide Rbf Whr
28,62
Wh 8 27,10
Wuhlheide
z Kh 9,54 Wu
Sst z Kh 10,66
B-Köpenick
11,72 Kp
Hirschgarten
z Kp 13,13 Hir
B-Friedrichshagen
z Kp 14,62 Frh
Rd Rahnsdorf
19,20
Plänterwald Pw
z Sw 3,50
Vtw z Bw 15,71/2,80
Baumschulenweg
z Sw 5,28 Bw
Og z Kh 8,86
Eg Eichgestell
z Whr 25,39
Swp B-Schöneweide
z Sw 7,12/0,00
Osp
Oberspree
z Spf 2,26
Betriebf B-Schöneweide
z Sw 8,43 Swb
B-Spindlersfeld Spf
4,05
43,35
B-Schöneweide
Sw 8,16
B-Wendenheide Wdh
z Sw 41,885
Adl B-Adlershof
z Sw 10,16
Gkn z Fhs 40,70
Gkw z Fhs 11,70
Grkz Fhs 40,00/12,00
Gks z Fhs 39,40
B-Grünau Ga
13,933
Altglienicke
z Fhs 1,95 Al
Grünbergallee
z Fhs 3,40 Gal
Flughafen B-Schönefeld
5,60/35,40
Fhs
34,08
Flughafen Berlin-Schönefeld
Flughafen Süd
Fha z Ga
Ew Eichwalde
z Zn 18,96
Zn Zeuthen
21,62
Wi Wildau
z Zn 25,13
Teltow Tlo
14,21
Großbeeren Gsb
18,36
Mah Mahlow
16,83
Agd z Mah 27,22/17,94
Ago z Mah 27,90
Agw
z Mah 26,60
Ags z Mah 19,10
Blankenfelde Bf
Kr Zossen z Mah 19,40
Dahlewitz Dt
z Rsf 20,62
Diedersdorf Ddf
z Mah 24,185
Gho z Gsb 18,20
Birkengrund Nord Bgn
z Gsb 21,12
Birkengrund Süd
Botanischer Garten
Lichterfelde West
enzollerndamm

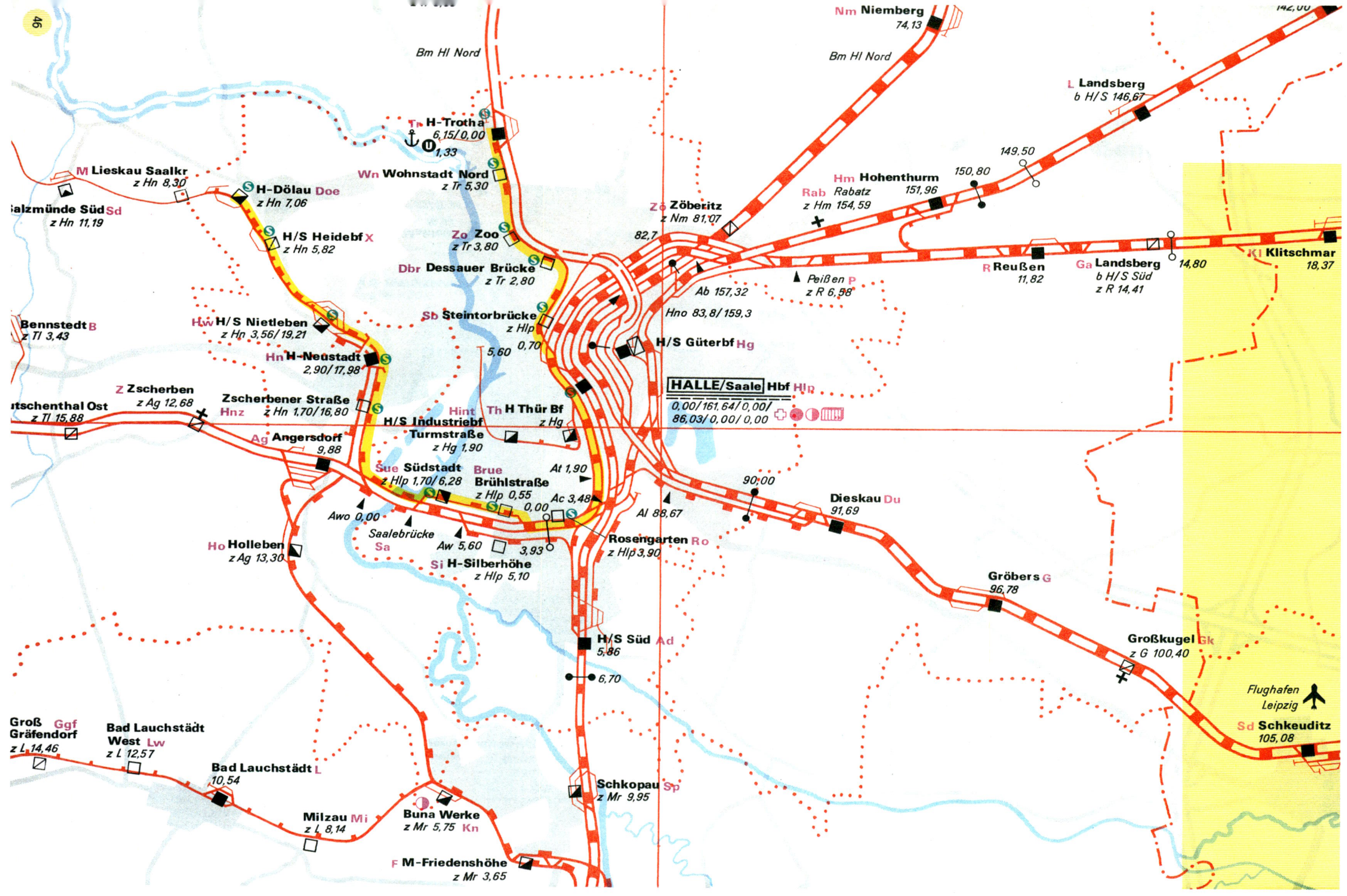

Nm Niemberg
74,13
Bm Hl Nord
Bm Hl Nord
L Landsberg
b H/S 146,67
149,50
150,80
Hm Hohenthurm
151,96
Rab Rabatz
z Hm 154,59
Zö Zöberitz
z Nm 81,07
82,7
Kl Klitschmar
18,37
Ga Landsberg
b H/S Süd
z R 14,41
14,80
R Reußen
11,82
Peißen P
z R 6,58
Ab 157,32
Hno 83,8/159,3
H/S Güterbf Hg
HALLE/Saale Hbf Hlp
0,00/161,64/0,00/
86,03/0,00/0,00
Tr H-Trotha
6,15/0,00
1,33
M Lieskau Saalkr
z Hn 8,30
Wn Wohnstadt Nord
z Tr 5,30
H-Dölau Doe
z Hn 7,06
Salzmünde Süd Sd
z Hn 11,19
H/S Heidebf X
z Hn 5,82
Zo Zoo
z Tr 3,80
Dbr Dessauer Brücke
z Tr 2,80
Sb Steintorbrücke
z Hlp
0,70
5,60
Bennstedt B
z Tl 3,43
Hw H/S Nietleben
z Hn 3,56/19,21
Hn H-Neustadt
2,90/17,98
Z Zscherben
z Ag 12,68
Zscherbener Straße
Hnz z Hn 1,70/16,80
Teutschenthal Ost
z Tl 15,88
Hint H/S Industriebf
Th H Thür Bf
z Hg
Turmstraße
z Hg 1,90
Ag Angersdorf
9,88
Sue Südstadt
z Hlp 1,70/6,28
Brue Brühlstraße
z Hlp 0,55
At 1,90
Ac 3,48
0,00
Awo 0,00
Saalebrücke
Sa
Aw 5,60
3,93
Rosengarten Ro
z Hlp 3,90
Al 88,67
90,00
Dieskau Du
91,69
Ho Holleben
z Ag 13,30
Si H-Silberhöhe
z Hlp 5,10
H/S Süd Ad
5,86
6,70
Gröbers G
96,78
Großkugel Gk
z G 100,40
Flughafen
Leipzig
Sd Schkeuditz
105,08
Groß Gräfendorf Ggf
z L 14,46
Bad Lauchstädt West Lw
z L 12,57
Bad Lauchstädt L
10,54
Milzau Mi
z L 8,14
Buna Werke
z Mr 5,75 Kn
Schkopau Sp
z Mr 9,95
F M-Friedenshöhe
z Mr 3,65

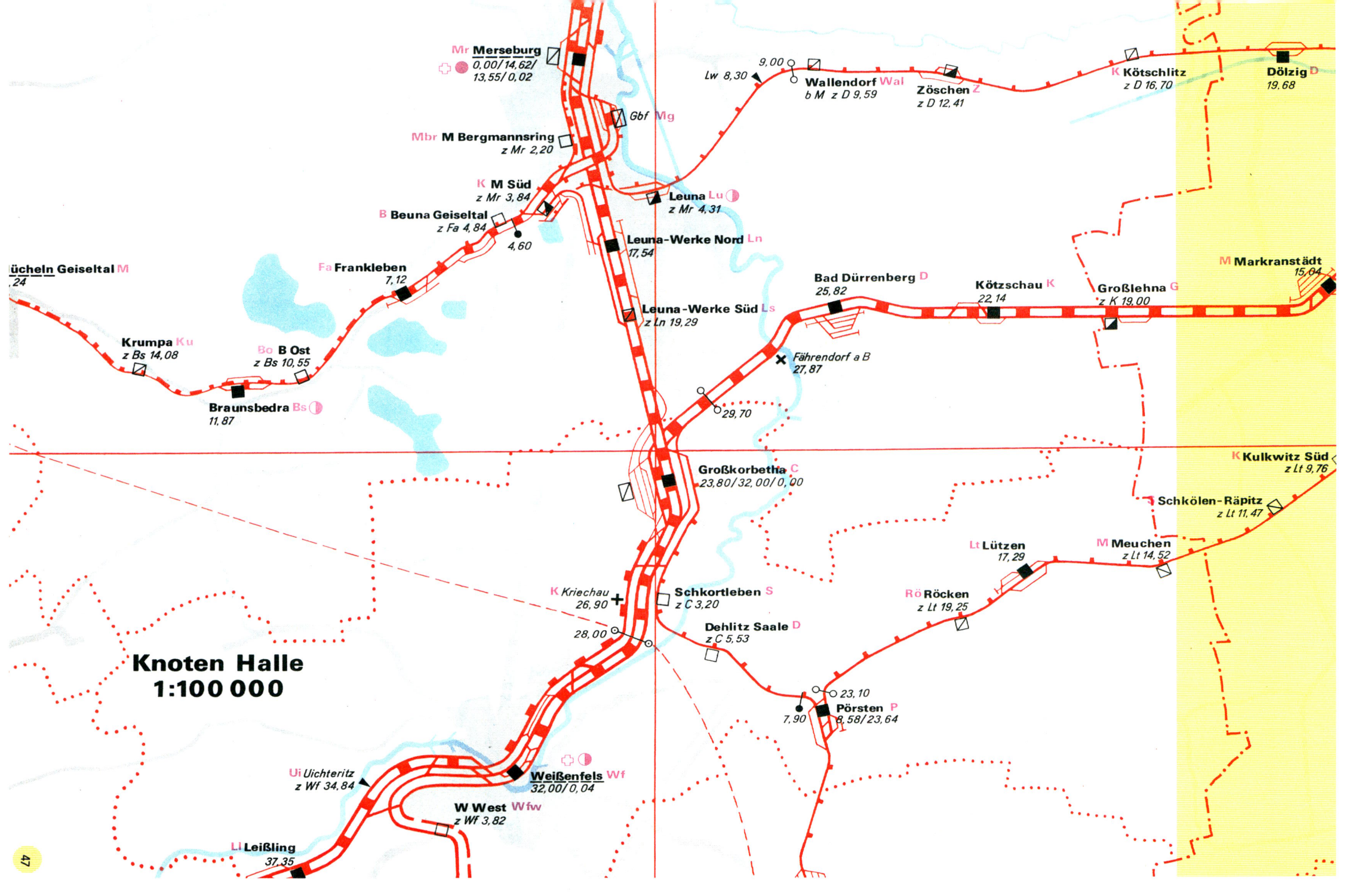

Knoten Halle
1:100 000
Mr Merseburg
0,00/14,62/
13,55/0,02
Gbf Mg
Mbr M Bergmannsring
z Mr 2,20
K M Süd
z Mr 3,84
B Beuna Geiseltal
z Fa 4,84
4,60
Fa Frankleben
7,12
ücheln Geiseltal M
,24
Krumpa Ku
z Bs 14,08
Bo B Ost
z Bs 10,55
Braunsbedra Bs
11,87
Lw 8,30
9,00
Wallendorf Wal
b M z D 9,59
Zöschen Z
z D 12,41
K Kötschlitz
z D 16,70
Dölzig D
19,68
Leuna Lu
z Mr 4,31
Leuna-Werke Nord Ln
17,54
Leuna-Werke Süd Ls
z Ln 19,29
M Markranstädt
15,04
Bad Dürrenberg D
25,82
Kötzschau K
22,14
Großlehna G
z K 19,00
Fährendorf a B
27,87
29,70
Großkorbetha C
23,80/32,00/0,00
K Kulkwitz Süd
z Lt 9,76
Schkölen-Räpitz
z Lt 11,47
M Meuchen
z Lt 14,52
Lt Lützen
17,29
Rö Röcken
z Lt 19,25
K Kriechau
26,90
Schkortleben S
z C 3,20
Dehlitz Saale D
z C 5,53
28,00
23,10
Pörsten P
8,58/23,64
7,90
Ui Uichteritz
z Wf 34,84
Weißenfels Wf
32,00/0,04
W West Wfw
z Wf 3,82
Ll Leißling
37,35

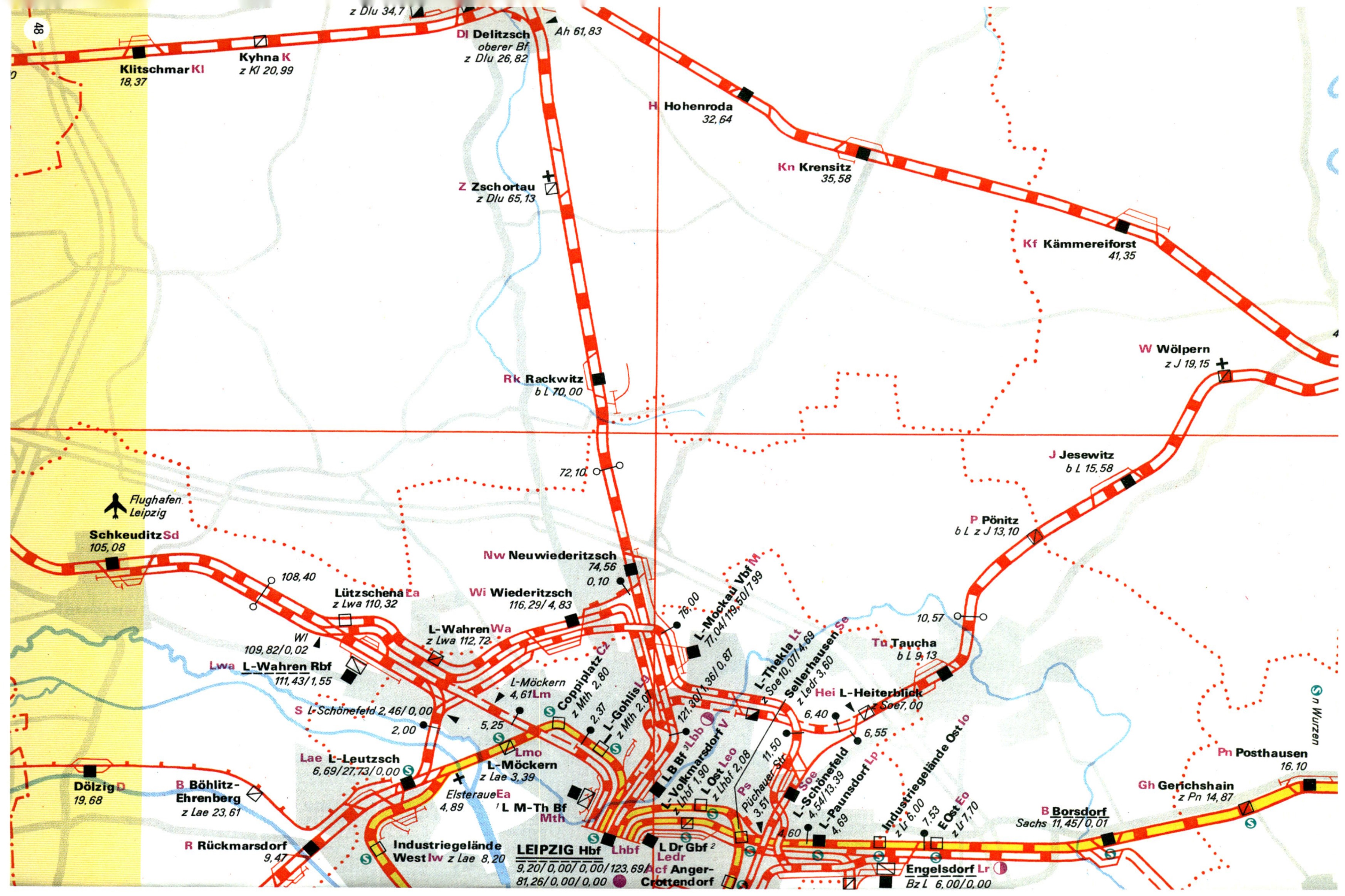

Klitschmar Kl 18,37
Kyhna K z Kl 20,99
z Dlu 34,7
Dl Delitzsch oberer Bf z Dlu 26,82
Ah 61,83
H Hohenroda 32,64
Kn Krensitz 35,58
Kf Kämmereiforst 41,35
W Wölpern z J 19,15
Z Zschortau z Dlu 65,13
Rk Rackwitz b L 70,00
72,10
J Jesewitz b L 15,58
P Pönitz b L z J 13,10
Flughafen Leipzig
Schkeuditz Sd 105,08
108,40
Lützschena Ea z Lwa 110,32
Nw Neuwiederitzsch 74,56
0,10
Wi Wiederitzsch 116,29/4,83
L-Wahren Wa z Lwa 112,72
Wl 109,82/0,02
Lwa L-Wahren Rbf 111,43/1,55
S L-Schönefeld 2,46/0,00
2,00
L-Möckern 4,61 Lm
5,25
Coppiplatz Cz z Mth 2,80
2,37
L-Gohlis Lg z Mth 2,07
76,00
L-Mockau Vbf M 77,04/119,50/7,99
121,30/1,36/0,87
L B Bf 3 Lbb
L-Volkmarsdorf V z Lhbf 1,90
L Ost Leo z Lhbf 2,08
L-Thekla Lt z Soe 10,07/4,69
Sellerhausen Se z Ledr 3,60
11,50
Ps Püchauer Str 3,51
10,57
Tu Taucha b L 9,13
Hei L-Heiterblick z Soe 7,00
6,40
6,55
L-Schönefeld Soe 4,54/13,39
L-Paunsdorf Lp 4,69
4,60
Industriegelände Ost Io z Lr 6,00
7,53
E Ost Eo z Lr 7,70
Sn Wurzen
Pn Posthausen 16,10
Gh Gerichshain z Pn 14,87
B Borsdorf Sachs 11,45/0,01
Engelsdorf Lr Bz L 6,00/0,00
Lae L-Leutzsch 6,69/27,73/0,00
Lmo L-Möckern z Lae 3,39
Elsteraue Ea 4,89
1 L M-Th Bf Mth
Dölzig D 19,68
B Böhlitz-Ehrenberg z Lae 23,61
R Rückmarsdorf 9,47
Industriegelände West Iw z Lae 8,20
LEIPZIG Hbf Lhbf 9,20/0,00/0,00/123,69 81,26/0,00/0,00
L Dr Gbf 2 Ledr
Acf Anger-Crottendorf

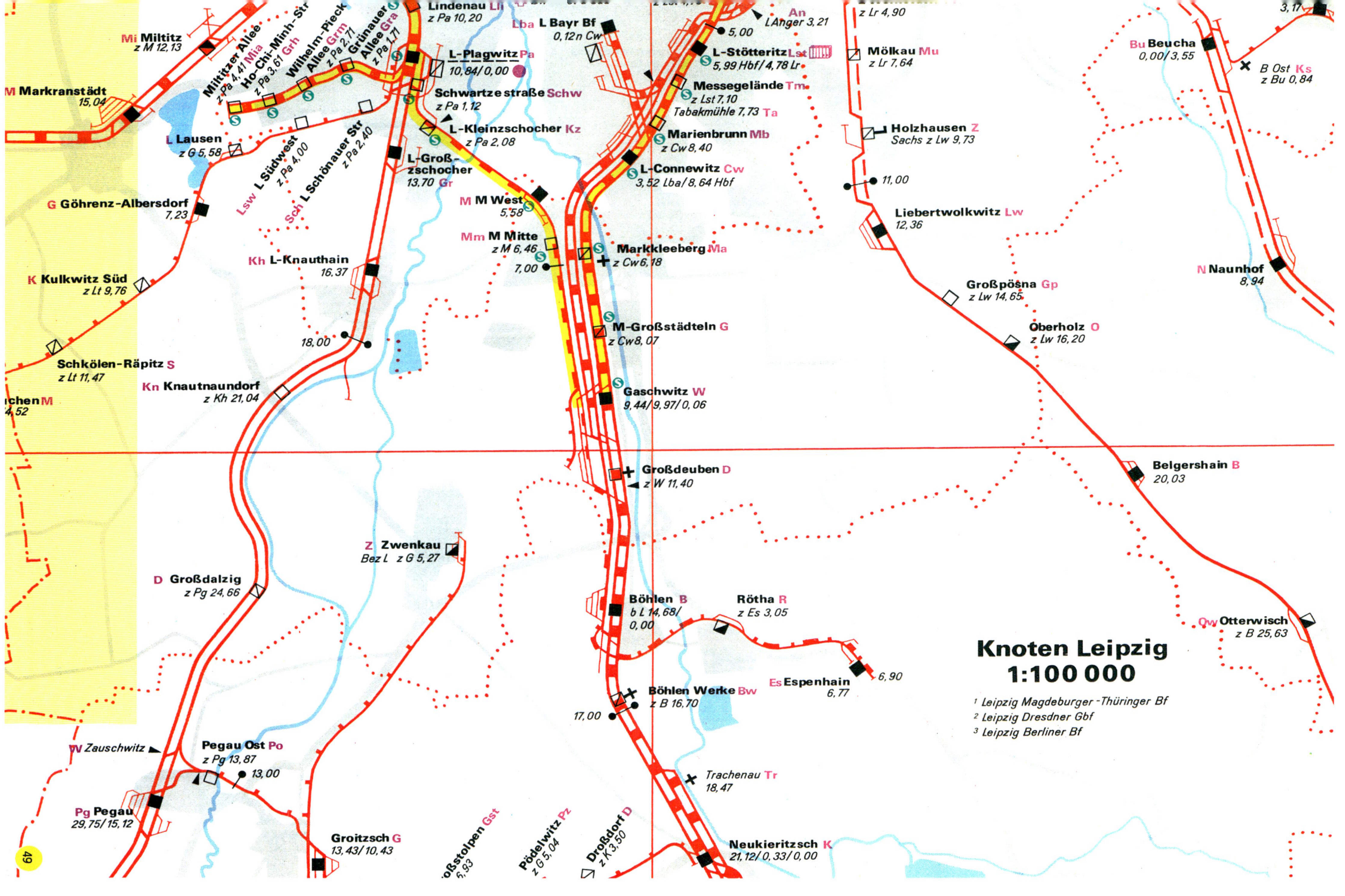

Knoten Leipzig
1:100 000
[1] Leipzig Magdeburger-Thüringer Bf
[2] Leipzig Dresdner Gbf
[3] Leipzig Berliner Bf
Mi Miltitz z M 12,13
M Markranstädt 15,04
Miltitzer Allee z Pa 4,41 Mia
Ho-Chi-Minh-Str z Pa 3,61 Grh
Wilhelm-Pieck Allee Grm z Pa 2,71
Grünauer Allee Gra z Pa 1,71
Lindenau Li z Pa 10,20
Lba L Bayr Bf 0,12 n Cw
L-Plagwitz Pa 10,84/0,00
Schwartzestraße Schw z Pa 1,12
L-Kleinzschocher Kz z Pa 2,08
L-Großzschocher 13,70 Gr
L Lausen z G 5,58
Lsw L Südwest z Pa 4,00
Sch L Schönauer Str z Pa 2,40
G Göhrenz-Albersdorf 7,23
K Kulkwitz Süd z Lt 9,76
Schkölen-Räpitz S z Lt 11,47
Kn Knautnaundorf z Kh 21,04
Kh L-Knauthain 16,37
18,00
M M West 5,58
Mm M Mitte z M 6,46
7,00
An L Anger 3,21
5,00
L-Stötteritz Lst 5,99 Hbf/4,78 Lr
Messegelände Tm z Lst 7,10
Tabakmühle 7,73 Ta
Marienbrunn Mb z Cw 8,40
L-Connewitz Cw 3,52 Lba/8,64 Hbf
Markkleeberg Ma z Cw 6,18
M-Großstädteln G z Cw 8,07
Gaschwitz W 9,44/9,97/0,06
Großdeuben D z W 11,40
z Lr 4,90
Mölkau Mu z Lr 7,64
Holzhausen Z Sachs z Lw 9,73
11,00
Liebertwolkwitz Lw 12,36
Großpösna Gp z Lw 14,65
Oberholz O z Lw 16,20
Bu Beucha 0,00/3,55
B Ost Ks z Bu 0,84
N Naunhof 8,94
Belgershain B 20,03
Qw Otterwisch z B 25,63
Z Zwenkau Bez L z G 5,27
D Großdalzig z Pg 24,66
Böhlen B b L 14,68/0,00
Rötha R z Es 3,05
Es Espenhain 6,77
6,90
Böhlen Werke Bw z B 16,70
17,00
Trachenau Tr 18,47
W Zauschwitz
Pegau Ost Po z Pg 13,87
13,00
Pg Pegau 29,75/15,12
Groitzsch G 13,43/10,43
Pödelwitz Pz z G 5,04
Droßdorf D z K 3,50
Neukieritzsch K 21,12/0,33/0,00

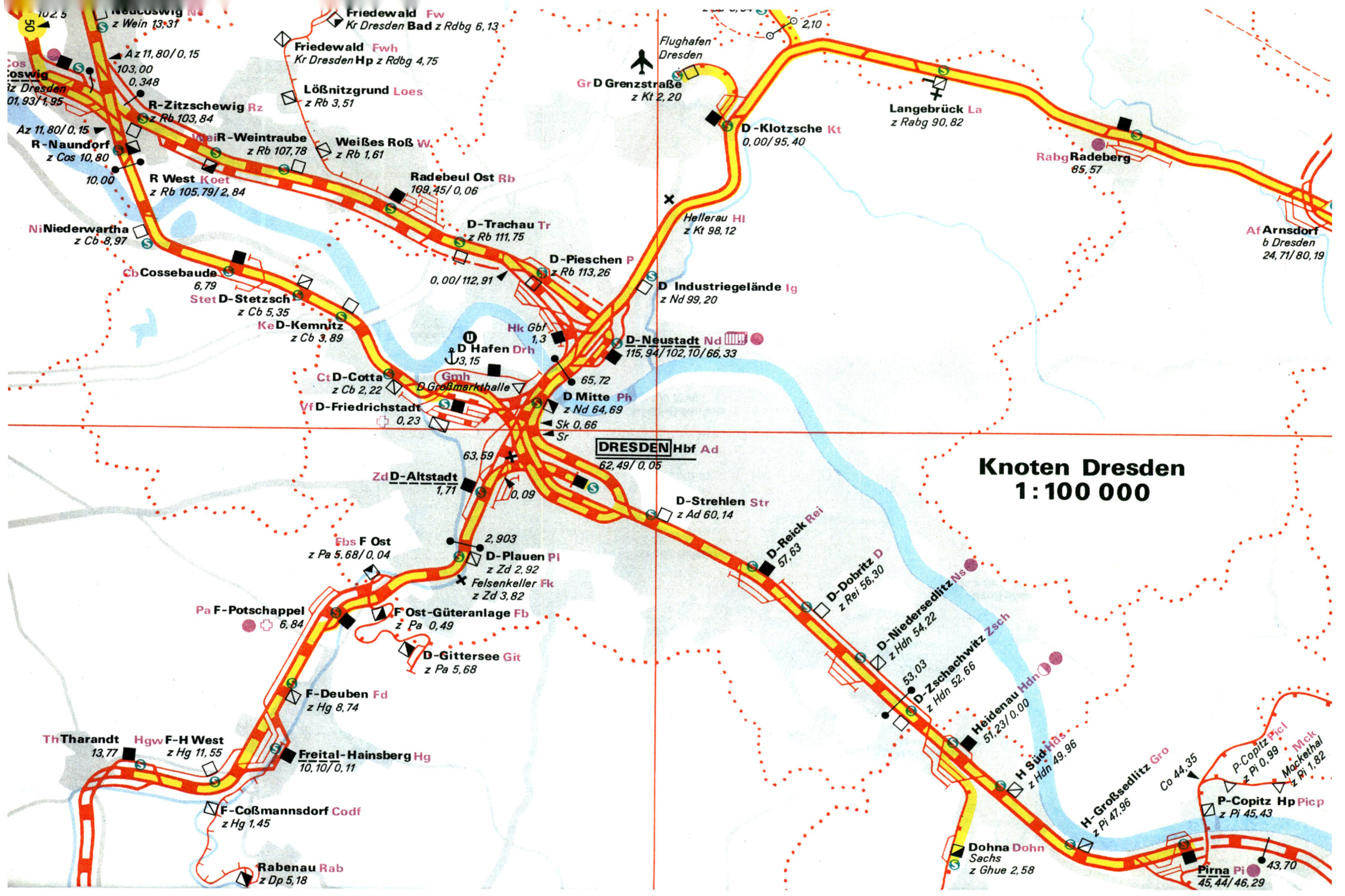

Knoten Dresden
1:100 000
Friedewald Fw
Kr Dresden Bad z Rdbg 6,13
Friedewald Fwh
Kr Dresden Hp z Rdbg 4,75
Lößnitzgrund Loes
z Rb 3,51
Weißes Roß W.
z Rb 1,61
z Wein 13,31
Az 11,80/0,15
103,00
0,348
R-Zitzschewig Rz
z Rb 103,84
Az 11,80/0,15
R-Naundorf
z Cos 10,80
10,00
R-Weintraube
z Rb 107,78
R West Koet
z Rb 105,79/2,84
Radebeul Ost Rb
109,45/0,06
D-Trachau Tr
z Rb 111,75
D-Pieschen P
z Rb 113,26
0,00/112,91
Ni Niederwartha
z Cb 8,97
Cb Cossebaude
6,79
Stet D-Stetzsch
z Cb 5,35
Ke D-Kemnitz
z Cb 3,89
Ct D-Cotta
z Cb 2,22
Vf D-Friedrichstadt
0,23
Gmh
D Großmarkthalle
D Hafen Drh
3,15
Hk Gbf
1,3
65,72
D-Neustadt Nd
115,94/102,10/66,33
D Mitte Ph
z Nd 64,69
Sk 0,66
Sr
DRESDEN Hbf Ad
62,49/0,05
63,59
Zd D-Altstadt
1,71
0,09
D-Strehlen Str
z Ad 60,14
Flughafen
Dresden
Gr D Grenzstraße
z Kt 2,20
2,10
D-Klotzsche Kt
0,00/95,40
Hellerau Hl
z Kt 98,12
D Industriegelände Ig
z Nd 99,20
Langebrück La
z Rabg 90,82
Rabg Radeberg
85,57
Af Arnsdorf
b Dresden
24,71/80,19
2,903
D-Plauen Pl
z Zd 2,92
Felsenkeller Fk
z Zd 3,82
Fbs F Ost
z Pa 5,68/0,04
Pa F-Potschappel
6,84
F Ost-Güteranlage Fb
z Pa 0,49
D-Gittersee Git
z Pa 5,68
F-Deuben Fd
z Hg 8,74
Th Tharandt
13,77
Hgw F-H West
z Hg 11,55
Freital-Hainsberg Hg
10,10/0,11
F-Coßmannsdorf Codf
z Hg 1,45
Rabenau Rab
z Dp 5,18
D-Reick Rei
57,63
D-Dobritz D
z Rei 56,30
D-Niedersedlitz Ns
z Hdn 54,22
53,03
D-Zschachwitz Zsch
z Hdn 52,66
Heidenau Hdn
51,23/0,00
H Süd Hds
z Hdn 49,96
H-Großsedlitz Gro
z Pi 47,96
Dohna Dohn
Sachs
z Ghue 2,58
Co 44,35
P-Copitz Picl
z Pi 0,99
Mockethal Mck
z Pi 1,82
P-Copitz Hp Picp
z Pi 45,43
Pirna Pi
45,44/46,29
43,70

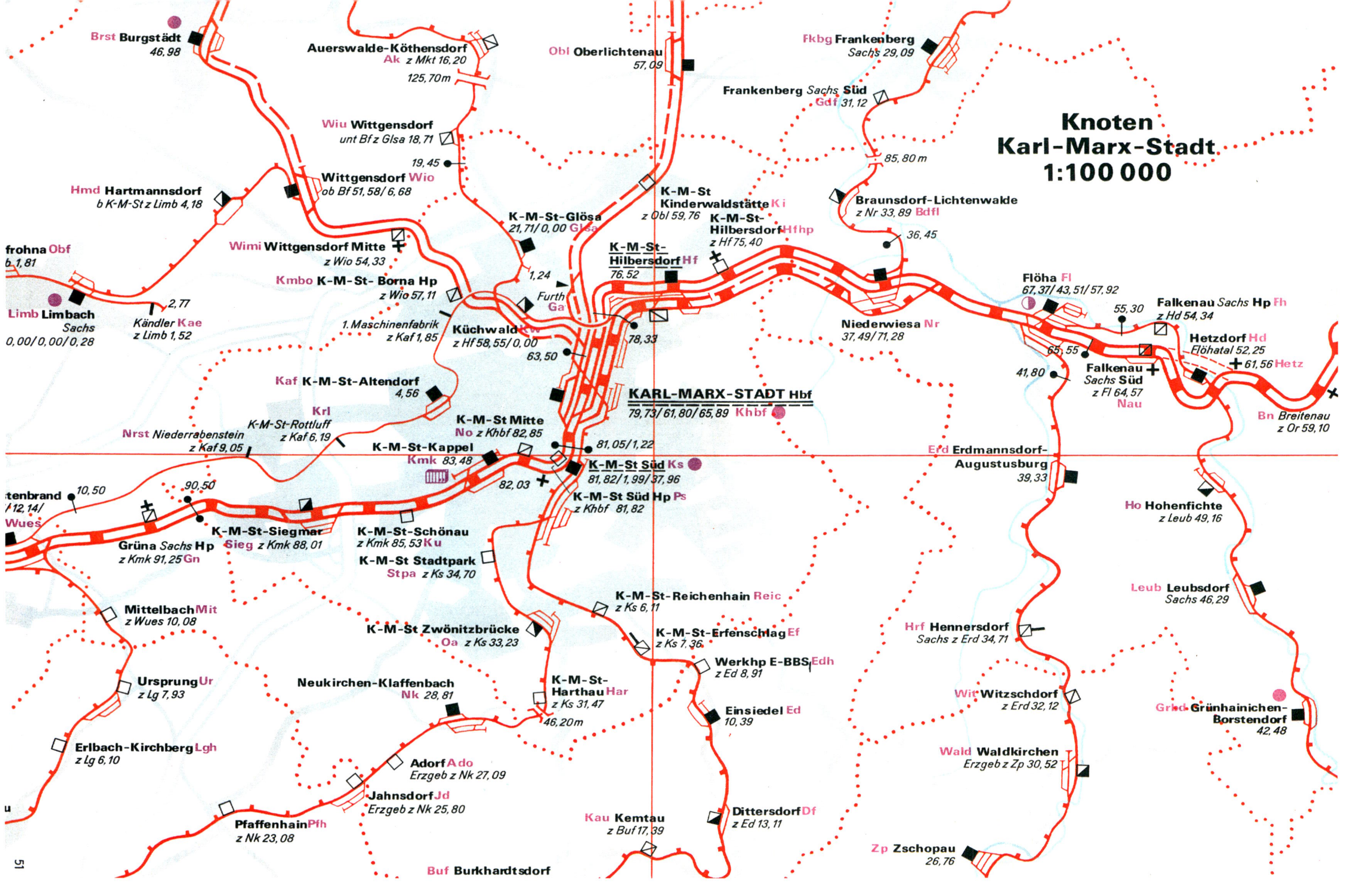
Knoten
Karl-Marx-Stadt
1:100 000
Brst Burgstädt
46,98
Auerswalde-Köthensdorf
Ak z Mkt 16,20
125,70m
Obl Oberlichtenau
57,09
Fkbg Frankenberg
Sachs 29,09
Frankenberg Sachs Süd
Gdf 31,12
85,80 m
Wiu Wittgensdorf
unt Bf z Glsa 18,71
19,45
Wittgensdorf Wio
ob Bf 51,58/6,68
Hmd Hartmannsdorf
b K-M-St z Limb 4,18
K-M-St
Kinderwaldstätte Ki
z Obl 59,76
K-M-St-
Hilbersdorf Hfhp
z Hf 75,40
Braunsdorf-Lichtenwalde
z Nr 33,89 Bdfl
36,45
K-M-St-Glösa
21,71/0,00 Glsa
frohna Obf
1,81
Wimi Wittgensdorf Mitte
z Wio 54,33
K-M-St-
Hilbersdorf Hf
76,52
1,24
Furth
Ga
Kmbo K-M-St-Borna Hp
z Wio 57,11
Limb Limbach
Sachs
0,00/0,00/0,28
2,77
Kändler Kae
z Limb 1,52
1. Maschinenfabrik
z Kaf 1,85
Küchwald Kw
z Hf 58,55/0,00
63,50
78,33
Flöha Fl
67,37/43,51/57,92
55,30
Falkenau Sachs Hp Fh
z Hd 54,34
Hetzdorf Hd
Flöhatal 52,25
61,56 Hetz
65,55
Falkenau
Sachs Süd
z Fl 64,57
Nau
41,80
Niederwiesa Nr
37,49/71,28
Kaf K-M-St-Altendorf
4,56
KARL-MARX-STADT Hbf
79,73/61,80/65,89 Khbf
Bn Breitenau
z Or 59,10
Krl
K-M-St-Rottluff
z Kaf 6,19
Nrst Niederrabenstein
z Kaf 9,05
K-M-St Mitte
No z Khbf 82,85
K-M-St-Kappel
Kmk 83,48
81,05/1,22
K-M-St Süd Ks
81,82/1,99/37,96
Erd Erdmannsdorf-
Augustusburg
39,33
82,03
K-M-St Süd Hp Ps
z Khbf 81,82
tenbrand
/12,14/
Wues
10,50
90,50
Ho Hohenfichte
z Leub 49,16
K-M-St-Siegmar
Sieg z Kmk 88,01
K-M-St-Schönau
z Kmk 85,53 Ku
Grüna Sachs Hp
z Kmk 91,25 Gn
K-M-St Stadtpark
Stpa z Ks 34,70
Mittelbach Mit
z Wues 10,08
K-M-St-Reichenhain Reic
z Ks 6,11
Leub Leubsdorf
Sachs 46,29
K-M-St Zwönitzbrücke
Oa z Ks 33,23
K-M-St-Erfenschlag Ef
z Ks 7,36
Hrf Hennersdorf
Sachs z Erd 34,71
Werkhp E-BBS Edh
z Ed 8,91
Ursprung Ur
z Lg 7,93
Neukirchen-Klaffenbach
Nk 28,81
K-M-St-
Harthau Har
z Ks 31,47
46,20m
Wit Witzschdorf
z Erd 32,12
Grhd Grünhainichen-
Borstendorf
42,48
Einsiedel Ed
10,39
Erlbach-Kirchberg Lgh
z Lg 6,10
Wald Waldkirchen
Erzgeb z Zp 30,52
Adorf Ado
Erzgeb z Nk 27,09
Jahnsdorf Jd
Erzgeb z Nk 25,80
Pfaffenhain Pfh
z Nk 23,08
Kau Kemtau
z Buf 17,39
Dittersdorf Df
z Ed 13,11
Zp Zschopau
26,76
Buf Burkhardtsdorf

GRENZÜBERGANGSSTELLEN IM EISENBAHNVERKEHR

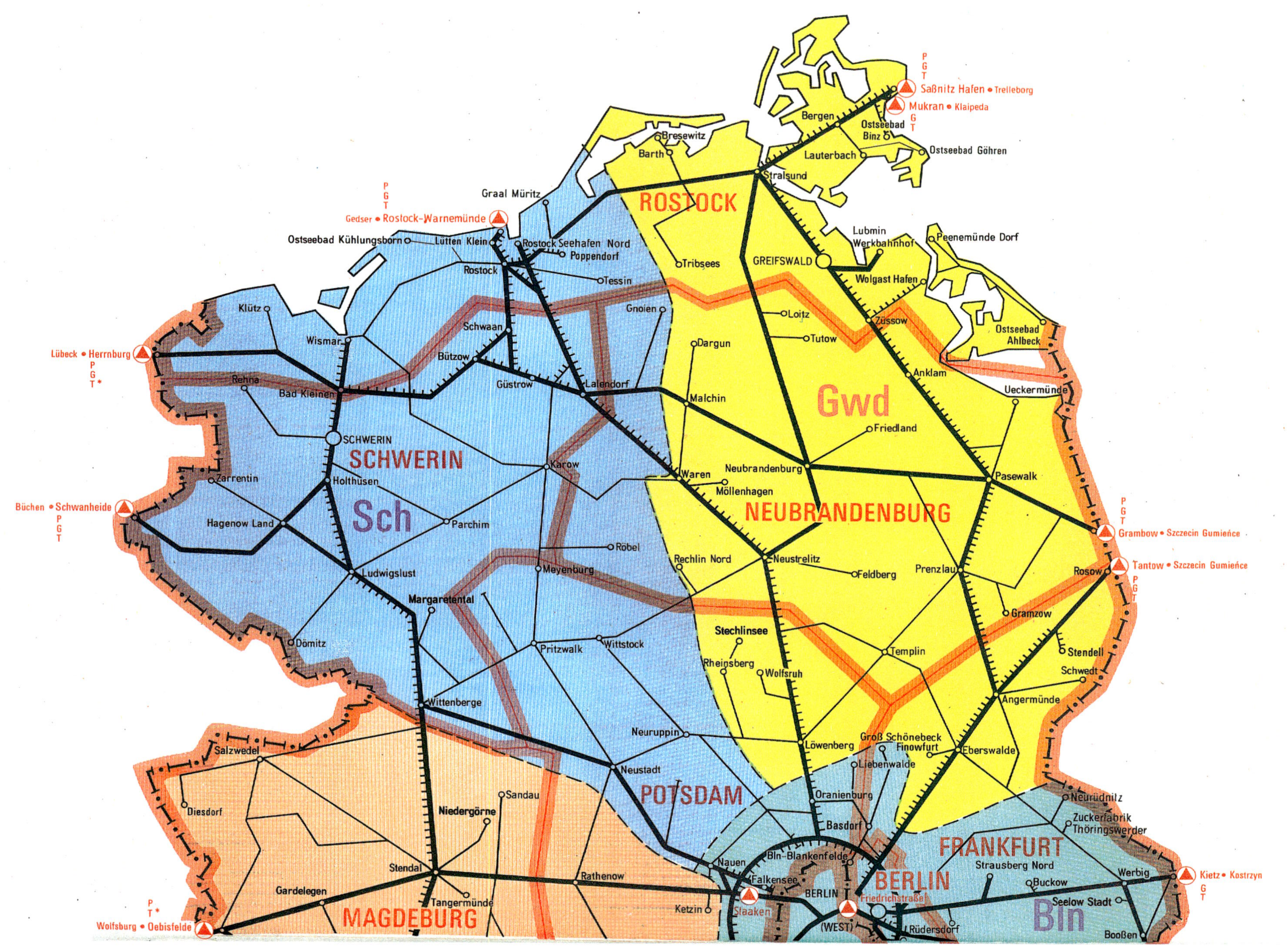

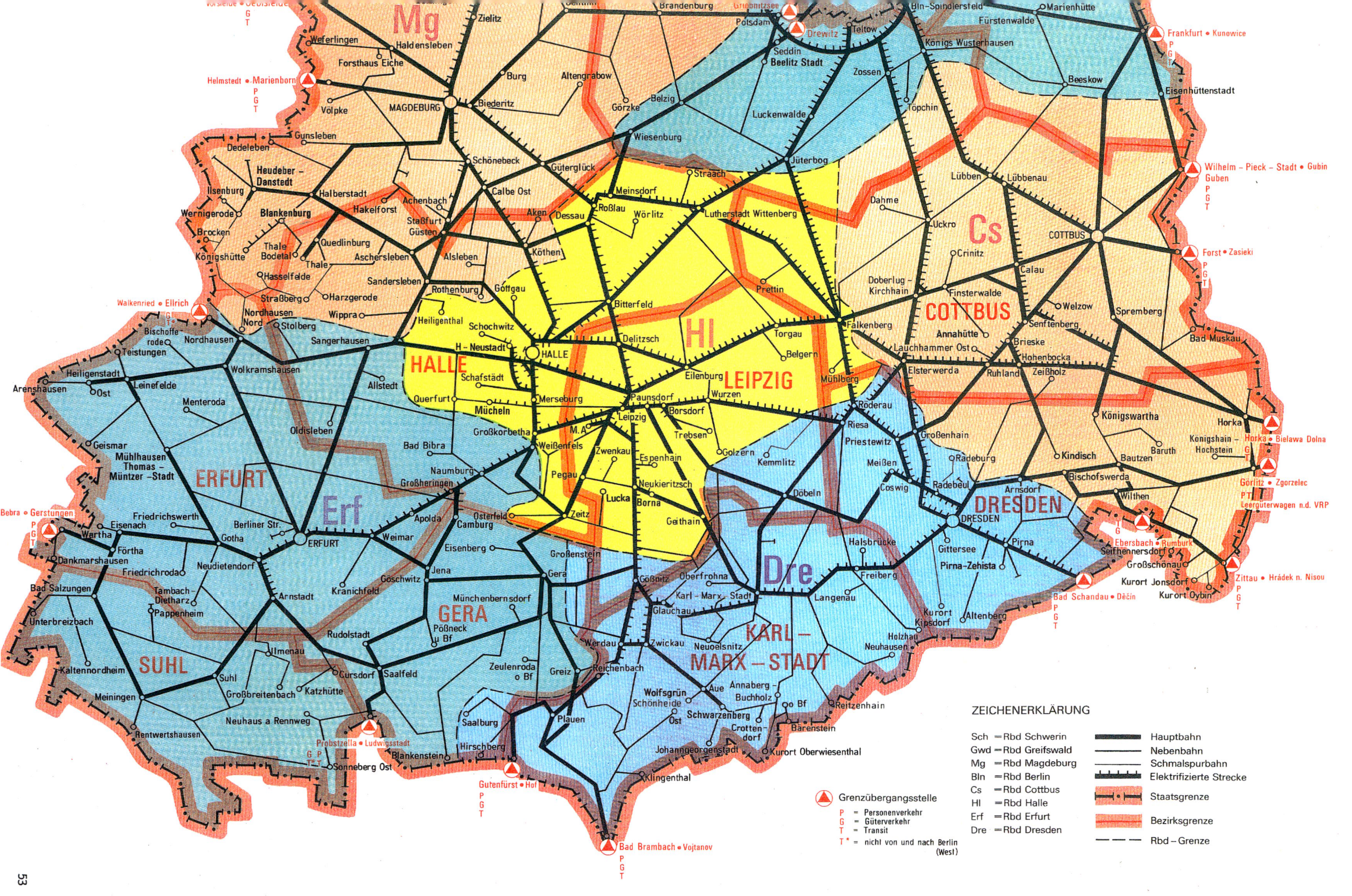
ZEICHENERKLÄRUNG
Sch = Rbd Schwerin
Gwd = Rbd Greifswald
Mg = Rbd Magdeburg
Bln = Rbd Berlin
Cs = Rbd Cottbus
Hl = Rbd Halle
Erf = Rbd Erfurt
Dre = Rbd Dresden
Hauptbahn
Nebenbahn
Schmalspurbahn
Elektrifizierte Strecke
Staatsgrenze
Bezirksgrenze
Rbd – Grenze
Grenzübergangsstelle
P = Personenverkehr
G = Güterverkehr
T = Transit
T* = nicht von und nach Berlin (West)
Mg
Cs
COTTBUS
Hl
HALLE
LEIPZIG
Erf
ERFURT
GERA
SUHL
Dre
DRESDEN
KARL – MARX – STADT
MAGDEBURG
Frankfurt • Kunowice
Wilhelm – Pieck – Stadt • Gubin
Guben
Forst • Zasieki
Horka • Bielawa Dolna
Görlitz • Zgorzelec
Leergüterwagen n.d. VRP
Zittau • Hrádek n. Nisou
Ebersbach • Rumburk
Bad Schandau • Děčín
Bad Brambach • Vojtanov
Gutenfürst • Hof
Probstzella • Ludwigsstadt
Bebra • Gerstungen
Walkenried • Ellrich
Helmstedt • Marienborn
Drewitz
Bln - Spindlersfeld
Potsdam
Brandenburg
Halle
Leipzig
Erfurt
Dresden
Cottbus
Karl - Marx - Stadt
Gera
Jena
Weimar
Gotha
Eisenach
Suhl
Meiningen
Plauen
Zwickau
Dessau
Lutherstadt Wittenberg
Bitterfeld
Jüterbog
Falkenberg
Riesa
Meißen
Bautzen
Görlitz
Zittau
Pirna
Freiberg
Döbeln
Torgau
Eilenburg
Naumburg
Weißenfels
Merseburg
Halberstadt
Quedlinburg
Nordhausen
Sangerhausen
Köthen
Schönebeck
Lübben
Lübbenau
Senftenberg
Spremberg
Hoyerswerda

GRENZÜBERGANGSSTELLEN IM STRASSENVERKEHR UND STRASSEN IM DURCHREISEVERKEHR
GRENZÜBERGANGSSTELLEN IM BINNENSCHIFFAHRTS- UND SEEVERKEHR

P = Personenverkehr
G = Güterverkehr
T = Transit
P* = Personenverkehr, Staatsbürger sozialistischer Staaten
G* = Güterverkehr zwischen den in () benannten Staaten sowie Transit in und aus Drittstaaten
T* = Transit mit den in () benannten Einschränkungen
F = Fahrgastschiffahrt zwischen den in () benannten Staaten
P** = Personenverkehr (DDR + BRD)
T** = nicht von und nach Berlin (West)
T*** = nicht von und nach der BRD

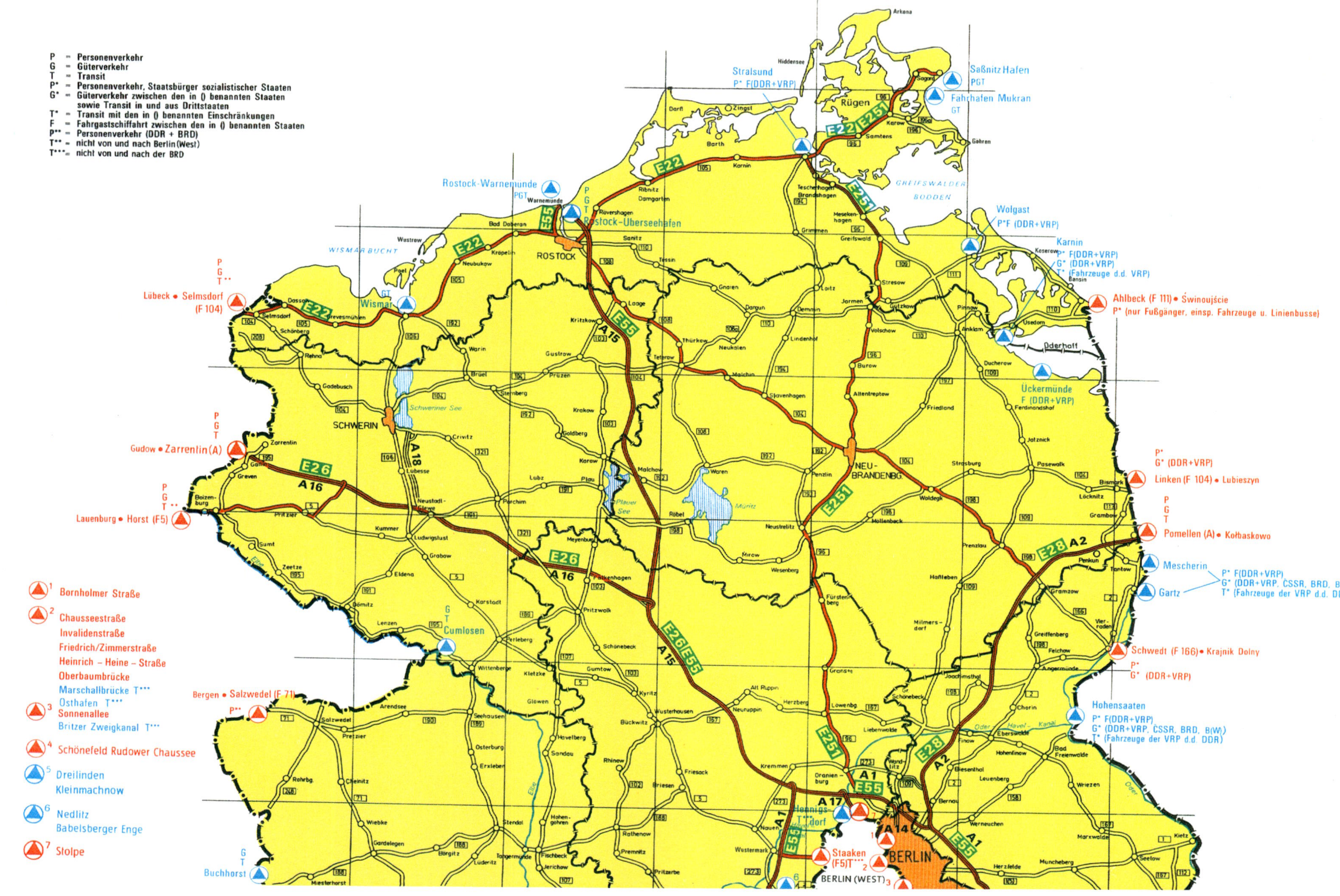

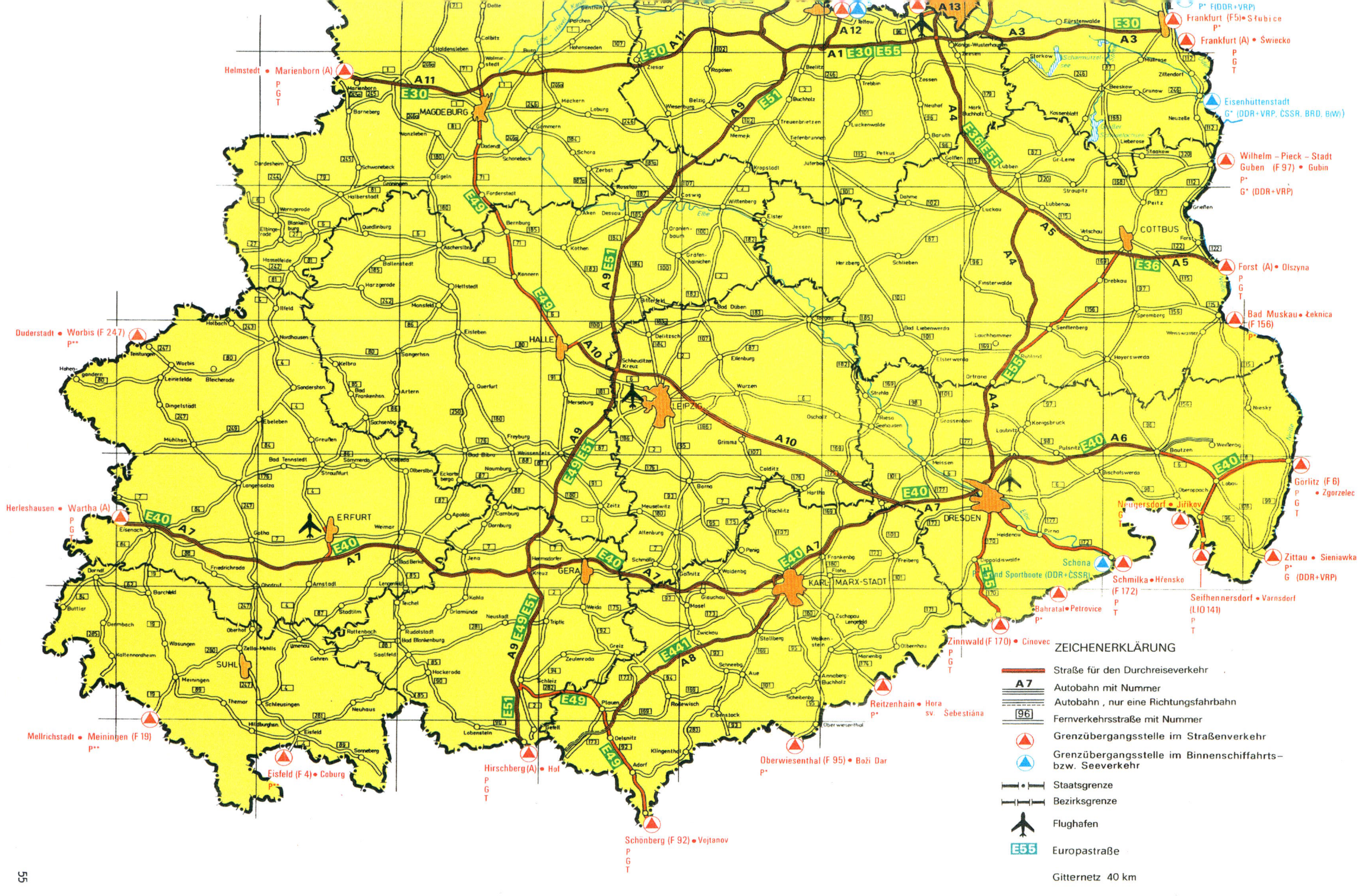

ZEICHENERKLÄRUNG
Straße für den Durchreiseverkehr
A 7
Autobahn mit Nummer
Autobahn, nur eine Richtungsfahrbahn
96
Fernverkehrsstraße mit Nummer
Grenzübergangsstelle im Straßenverkehr
Grenzübergangsstelle im Binnenschiffahrts- bzw. Seeverkehr
Staatsgrenze
Bezirksgrenze
Flughafen
E55
Europastraße
Gitternetz 40 km
Helmstedt • Marienborn (A)
P G T
Duderstadt • Worbis (F 247)
P**
Herleshausen • Wartha (A)
P G T
Mellrichstadt • Meiningen (F 19)
P**
Eisfeld (F 4) • Coburg
P**
Hirschberg (A) • Hof
P G T
Schönberg (F 92) • Vojtanov
P G T
Oberwiesenthal (F 95) • Boží Dar
P*
Reitzenhain • Hora sv. Šebestiána
P*
Zinnwald (F 170) • Cinovec
P G T
Bahratal • Petrovice
P*
Schmilka • Hřensko
(F 172)
P T
Schöna
Seifhennersdorf • Varnsdorf
(LIO 141)
P T
Neugersdorf • Jiříkov
Zittau • Sieniawka
P*
G (DDR+VRP)
Görlitz (F 6)
P • Zgorzelec
G T
Bad Muskau • Łeknica
(F 156)
P*
Forst (A) • Olszyna
P G T
Wilhelm – Pieck – Stadt
Guben (F 97) • Gubin
P*
G* (DDR+VRP)
Eisenhüttenstadt
G* (DDR+VRP, ČSSR, BRD, BfW)
Frankfurt (A) • Świecko
P G T
Frankfurt (F5) • Słubice
P*
P* F(DDR+VRP)
MAGDEBURG
HALLE
LEIPZIG
DRESDEN
KARL-MARX-STADT
GERA
ERFURT
SUHL
COTTBUS

ektrifizierte Strecken der DR

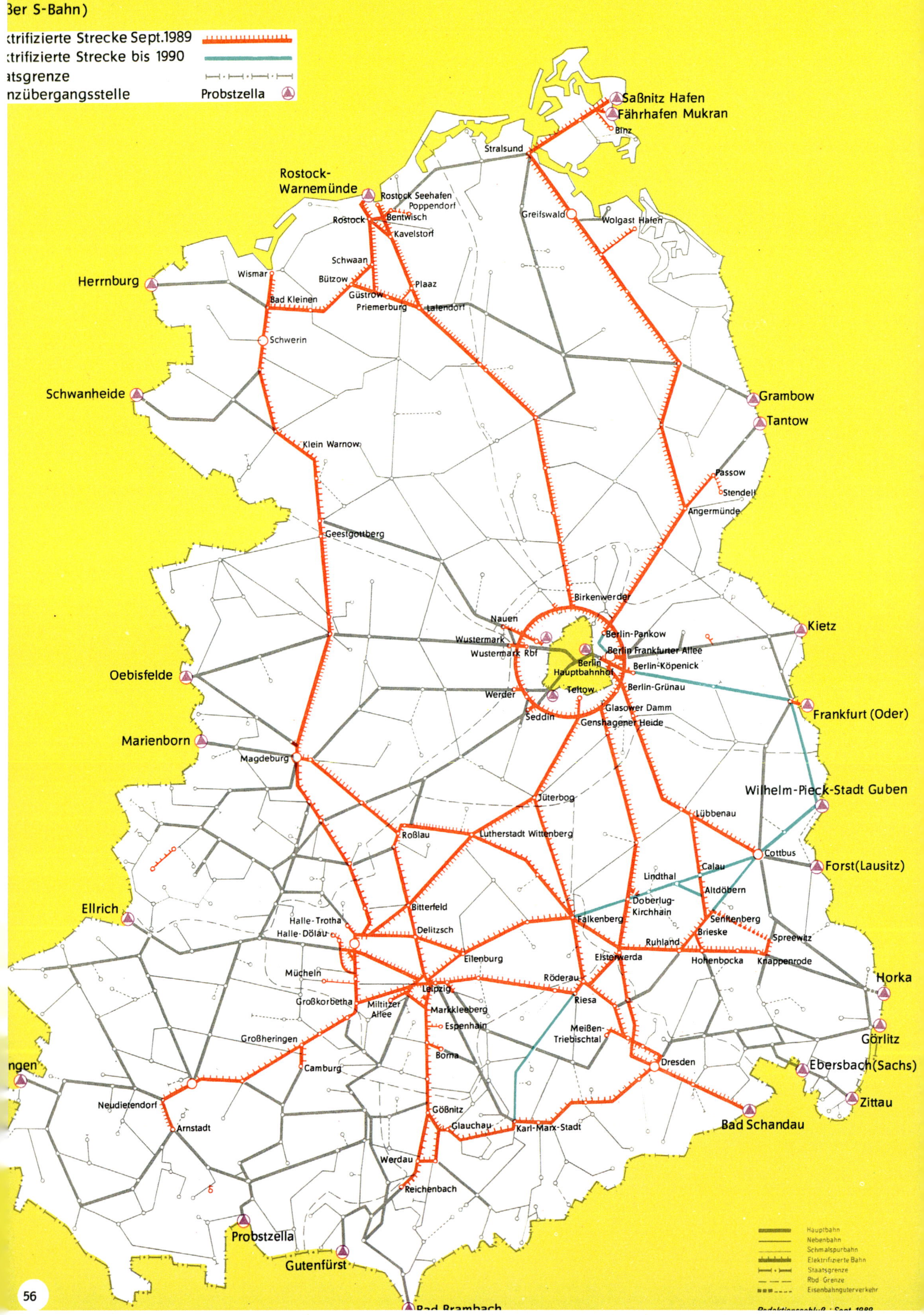

3er S-Bahn)

ktrifizierte Strecke Sept.1989
ktrifizierte Strecke bis 1990
atsgrenze
nzübergangsstelle Probstzella

Saßnitz Hafen
Fährhafen Mukran
Binz
Stralsund
Rostock-Warnemünde
Rostock Seehafen
Poppendorf
Bentwisch
Rostock
Kavelstorf
Greifswald
Wolgast Hafen
Schwaan
Bützow
Plaaz
Güstrow
Priemerburg
Lalendorf
Wismar
Bad Kleinen
Herrnburg
Schwerin
Schwanheide
Grambow
Tantow
Klein Warnow
Passow
Stendell
Angermünde
Geestgottberg
Birkenwerder
Nauen
Wustermark
Wustermark Rbf
Berlin Hauptbahnhof
Berlin-Pankow
Berlin Frankfurter Allee
Berlin-Köpenick
Berlin-Grünau
Teltow
Werder
Seddin
Glasower Damm
Genshagener Heide
Kietz
Frankfurt (Oder)
Oebisfelde
Marienborn
Magdeburg
Jüterbog
Wilhelm-Pieck-Stadt Guben
Lübbenau
Roßlau
Lutherstadt Wittenberg
Cottbus
Forst(Lausitz)
Calau
Lindthal
Altdöbern
Doberlug-Kirchhain
Bitterfeld
Falkenberg
Senftenberg
Brieske
Spreewitz
Ellrich
Halle-Trotha
Halle-Dölau
Delitzsch
Ruhland
Eilenburg
Elsterwerda
Hohenbocka
Knappenrode
Mücheln
Röderau
Leipzig
Riesa
Horka
Großkorbetha
Miltitzer Allee
Markkleeberg
Espenhain
Görlitz
Meißen-Triebischtal
Großheringen
Camburg
Borna
Dresden
Ebersbach(Sachs)
ngen
Neudietendorf
Zittau
Gößnitz
Glauchau
Karl-Marx-Stadt
Bad Schandau
Arnstadt
Werdau
Reichenbach
Probstzella
Gutenfürst
Bad Brambach

Hauptbahn
Nebenbahn
Schmalspurbahn
Elektrifizierte Bahn
Staatsgrenze
Rbd Grenze
Eisenbahngüterverkehr

Redaktionsschluß: Sept. 1989

NAMENVERZEICHNIS

Das Verzeichnis enthält alle in den Teilkarten dargestellten Bahnhöfe und Haltepunkte der DR. Block-stellen,Abzweig-und Anschlußstellen,Ausweich-Anschlußstellen sowie Güterladestellen sind nur z.T. dargestellt und im Verzeichnis mit einem * gekennzeichnet. Die dargestellten Bahnhöfe der angrenzenden Staaten sind zusammenhängend im zweiten Teil des Namenverzeichnisses aufgeführt.

Die einzelnen Kartenseiten sind in jeweils 4 Planquadrate mit den Bezeichnungen A,B,C und D unterteilt. Zum Aufsuchen eines Bahnhofs im Atlas sind hinter dem Namen Seitenzahl und Planquadrat angegeben.

Beispiele: Saxdorf 33 B
Leuna 32 A/B
Altenburg Hbf 32/33 D/C

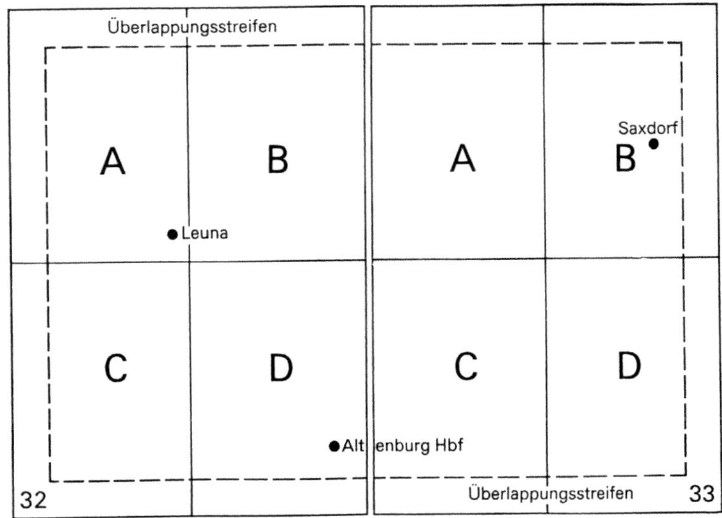

In den farbig unterlegten Überlappungsstreifen enthaltene Namen sind jeweils mit zwei Seiten-und Planquadratsangaben versehen (z.B. Burgstädt 33 C,39 A).

Ergänzungen zur 4. Auflage:

Auerbach (Vogtl) Hp 38 D
Berlin Hauptbahnhof 22 C, 44 D
(Berlin) Marienfelde 45 C
(Berlin) Mexikoplatz 43 A
Berlin- Spandau Osthafen E 42 B
Berlin- *Wilhelmsruh 44 C/D
Delitzsch Gbf 32 B
Delitzsch Südwest 32 B
*Doberlug-Kirchhain Nord 34 A
*Dörrwalde 34 B
Dörrwalde 34 B
Erfurt-Marbach 31 C
Erfurt West 31 C
Groß Daberkow 16 C
Halle (Saale) Industriebahnhof Turmstraße 32 A, 46 C/D
*Harsleben 25 C
*Heeren 20 C
Hennersdorf (Kr Finsterwalde) 34 A
Hennersdorf West 34 A
(Karl-Marx-Stadt) *Furth 51 C
Kronskamp 14 B
Lübars (Elbe) 20 D
Osterwieck West 24 D
Rostock-Dierkow 12
Rostock Hinrichsdorfer Straße 12
Rostock Seehafen Süd 12
Schönebeck (Elbe) Süd 24
*Schönhausen (Elbe) Nord 20 D
Schweta 33 D
*Thale Bodetal, EHW Thale 25 C
*Thale Nord, Heizwerk EHW Thale 25 C
Werbig 23 C
Ausland:
Ręczyn 35 D
Stobno Szczecińskie 17 C
Szczecin Pomorzany 17 C
Szczecin Wzgórze Hetmańskie 17 C
Trzciniec Zgorzelecki 35 D

Streichungen:

Ballerstedt (Altmark)
Berlin Ostbahnhof
(Berlin) Bornholmer Straße
(Berlin) Lindenthaler Allee
Bernburg-Waldau Hp
*Braunkohlenwerk Edderitz
*Braunschweiger Straße
*Dannigkow
*Emersleben
Flessau
Franzburg
*Gänsefurth
Großräschen Süd
Großrückerswalde
Groß Schwechten
Hennersdorf Betriebsbf
*Hohenerxleben
*Kaliwerk Staßfurt
Krauschwitz (Oberlausitz)
*Müggenhall (Kr Stralsund)
Neuendorf a Speck
Niederschmiedeberg
Peulingen
Reppist
Rostock-Dierkow West
*Sedlitz
*Siegelbach
*Steinmühle
Streckewalde
Timmenrode
Vorketzin
Waßmannsdorf
*Wickenhof a B
Wilhelmshayn
*Wölmsdorf a B
Ausland:
Herleshausen
Wommen

A

B

C

D

E

F

H

I

J

K

L

M

N

P

Q

R

S

T

U

V

W

Z

Im Atlas dargestellte Bahnhöfe des Auslands – außer Berlin (West)

A

B

C

D

E

F

G

H

I

J

K

L

M

N

O

P

R

S

T

U

V